谨以此书

纪念中国恢复高考四十五周年

大学之路

——亲历中美教育与文化

College Learning and Teaching: Experiencing Chinese and American Education and Cultures

[美] 郑滨耀 著

Binyao Zheng

一部质性的、反思的、跨文化的教育文集

A Collection of Qualitative, Reflective
and Cross-Cultural Essays in Education

溪流出版社

Fellows Press of America, Inc.

College Learning and Teaching: Experiencing Chinese and American Education and Cultures   By Binyao Zheng

大学之路——亲历中美教育与文化　　郑滨耀　著

First published in 2022 by Fellows Press of America, Inc.
P. O. Box 93, Keller, Texas 76244

ISBN: 1-933447-65-6;   978-1-933447-65-0
Published Date: June, 2022

Edit by Yun Zeng
Cover Design by Mae Lee
Illustration by Alina Jiang

Web: http://www.fellowspress.com
E-mail: fellowspress@yahoo.com
Tel: (817) 545-9866

内容提要

　　中国 1977 年的高考，以它独特的历史背景和对中国社会发展的重要影响，载入了中国和世界的高教史册。

　　本书作者是 1977 级大学生，上大学前做过知青、当过工人、教过小学和中学。在艰苦的环境中，他没有放弃学习和向上的追求。本书的"中国篇"沿着大学之梦的主线，以纪实和微观的手法，生动地记叙了作者对于那个年代难忘的回忆。

　　"美国篇"记叙了作者留学和教大学的经历，穿插了他在此期间写的部分散文、通讯、人物介绍、以及文艺评论。这些文字回顾了这位国际型教育家的心路历程，并展示了在美华人和美国人民对于美好和谐世界的向往和为之所作的努力。

　　这是一部纪实、跨越时空、充满激情的散文集。作者以亲身的经历，深入浅出地诠释相关的教育学、社会学和心理学命题，因此本书也是一部贴近生活的教育文集。

作者简介

郑滨耀，出生于中国湖北。早年曾在农村和矿山劳动，教过小学和中学。1977 年考入华中师范大学英语专业，1982 年春毕业留校工作。1989 年赴美留学，获孟菲斯大学教育心理学与研究博士学位。现为美国肯尼索州立大学中学教育系教授、博士生导师。2001 年随美国国家教育代表团访问中国，之后担任"美中教育联合会"副主任、国际学术会议负责人、会刊《美中教育》主编。是美国师范教育家协会（ATE）会员，曾任该协会年刊编委会成员、初中组主席。热心中美教育交流，是华中师范大学、湖北第二师范学院客座教授，并应邀到北京大学、山东大学、华东师范大学、西南大学、中国石油大学（华东）、浙江农林大学等学校做学术报告和访问讲学，获肯尼索州立大学"国际研究奖"和该校教育学院"国际教育杰出贡献奖"。发表中、英文教育学术论文近百篇，是《世界教育发展趋势与中国教育改革》（人民教育出版社，1998）、《教育学》（中国人民大学出版社，2007）、"*EAST MEETS WEST in Teacher Preparation*"（哥伦比亚大学教育出版社，2014）等专著的作者之一。主要教学和研究领域：学习理论、人的发展、教师教育、教育改革、文化与教育、教育研究方法。

About the Author

Professor Binyao Zheng was born in Hubei Province, China. He taught elementary school mathematics, and middle school and college English in China. After receiving his Ph.D. in educational psychology and research from the University of Memphis, he joined the faculty of Kennesaw State University in 1997 and has been an active member of the Association of Teacher Educators, USA. His teaching and research areas include learning and motivation, human development, teacher education, education and culture, and cross-cultural studies of educational reform.

目 录 Content

序

刘涵华

欣闻郑滨耀先生的《大学之路——亲历中美教育与文化》即将问世，心里很高兴。

早在此书的写作过程中，郑先生就诚恳地约我作序。当时，虽因才疏学浅颇有几分犹豫，最终还是不揣冒昧答应了。其主要原因，除了我们都很看重七七级同学之间的真挚友谊，更因为我们有着相近的人生经历，精神底色也大致属于同一色谱。

郑先生本科毕业于华中师大外语系，后来赴美留学，获得孟菲斯大学教育学博士学位。如今，郑先生已在佐治亚州肯尼索大学工作了数十年，是肯尼索大学的终身教授，博士生导师。除了完成教职所赋予的教、研任务，郑先生还热爱音乐和文学，勤于笔耕、著述颇丰。相信很多定居亚特兰大的华人都听过他精彩悠扬的二胡演奏、也读过他发表在各种华文报纸上的美文。

《大学之路——亲历中美教育与文化》以时间为轴线，结构非常清晰。与此同时，本书的每一章、节又相对独立。它们既有散文随笔的特点，又有不同于他人的独特个性。这种独特个性首先表现在内容的表达。大多数作家的散文随笔是感性的，意在突出独特的人生经历和充满个性色彩的生命体验。《大学之路——亲历中美教育与文化》则在此基础上又格外多出一种理性色彩。从整体上看，这种理性色彩以散点的形式渗透在文学叙述之中，约略有几分克制，但同时又是一种不可忽略的存在。例如，第四章留学中的第 17 节，在比较中美两国基础教育异同时，作者认为："中美两国其实有许多共同的价值观和理念，如：诚实、勤奋、助人、责任、尊重他人，等等。有趣的是两国不同甚至迥异的理念，如中国故事教育儿童谦虚谨慎（故事《陶罐和铁罐》），而美国故事则鼓励儿童独立和勇敢；中国课文强调做事认真和遵守纪律，美国教材却蕴藏更多的童趣与快乐。"这样的结论是在大量感性认识的基础上，运用定量分析与质性现场研究等方法，通过梳理与分析达成的，其中积淀着一个教育学专业学者的洞察与思考。

为了突出对于感性经历的深入思考，郑先生还借鉴了论文的结构方式，在每一小节后面都加了"主题词汇"。例如第六章社团活动中的第 26 节，其主题词汇就是"中国民乐，文化传承，创新，中外文化交流"。这些"主题词汇"具有一种画龙点睛的艺术效果。它们表达的，是比单纯感性经历叙述更为深刻的理性思考。这不仅显示了深厚的学养，更重要的是使文学叙述不仅限于个人经历的"形而下"回忆，而是更上层楼，从"不识庐山真面目，只缘身在此山中"上升到"道通天地有形外，思入风云变态中"的另一重境界。这，当然需要俯视的高度和跳脱的智慧。

感性叙述和理性思考交织的写法，使《大学之路——亲历中美教育与文化》从内在结构上看，如同优美的二重奏，它拓展了本书的内涵和深度，因更丰富、更能够满足人们的审美期待而独具特色。也可以说，这是作者基于独特的人生资源和独特的文学创作个性做出的一个创新性尝试。

除此之外，郑先生的《大学之路——亲历中美教育与文化》中，还有许多与叙述相辅相成的写景和抒情，这些文学性很强的优美片段，常常引领我们离开现实世界，或置身于草长莺飞的江汉平原，或目睹芝加哥大学细雨霏霏的毕业典礼，或亲临作者在北京大学关于"建构主义理论在教学中的应用"的演讲现场，或领略海外华人中佼佼者们的气度与风神。

如果用德国心理学家、美学家立普斯（Theodor Lipps，1851-1914）的"移情说"加以分析，我们会发现，在这些优美的片段中，作者的主观感受和客观外物屡屡密不可分地交融在一起，那些看似寻常的细节，也常常隐含着深不可测的心理内涵，这些细节不仅意味深长、颇堪玩味，更重要的是，它暗示着作者生命状态和审美心理的变化与转换。

关于"移情说"，朱光潜先生这样解释："用简单的话来说，它就是人在观察外界事物时，设身处在事物的境地，把原来没有生命的东西看成有生命的东西，仿佛它也有感觉、思想、情感、意志和活动，同时，人自己也受到对事物这种错觉的影响，多少和事物发生同情和共鸣。"这里想对第四章留学中的第 16 节"茶的思念"稍加分析。

以本科外语专业的学历改行学习教育，固然勇气可嘉，但其难度也不言而喻。读博期间，"由于学习和工作的压力大，我失眠了。"后来，母校"华中师大王庆生校长率团访美，给我带来茶叶"。"就着清香的绿茶，我奇迹般地消除了失眠"。这里，茶首先成为魂牵梦萦的故乡和遥远祖国的替代和象征，它是作者遭遇困顿时渴望仰仗的强大外在力量。与此同时，茶还是作者所感受到的学业压力的承载物，或者说是作者内在生命的表征或象征。而且，通过"清香的绿茶"，读者也得以走进作者的心理世界，体验到了作者负笈生涯的重负和艰辛。也就是说，茶既是客体（家乡和祖国），又是主体（作者精神世界外化的介质）。更为神奇的是，这种复杂的"移情"竟然具有心理学意义上的疗愈功能，用郑先生书中的话说就是："茶使我消除了失眠，还带给我无限的遐思"。借用一位美学研究者的话："由于主体聚精会神地审美关照而忘却自我，达到物我同一。主体在对象上实现了自己的意志和冲动，纯粹而又充分地体验到了自身的情感和向往，从而得到审美的愉悦和快感。"

纵观全书，除了上面说到的两点，我更为深刻的感受，其实是书中所表现出来的坚韧无比的奋斗精神和对命运准确无误的把握。

江汉平原上那个童年失怙的放牛娃，先是以超乎常人的韧性辗转于社会底层。为了读小学，他一路步行，"辗转七天，才到达长江南岸我姑妈家"。初中没有读完，"史无前例"又开始了。先是中断学业回到农田里，后来又去荆襄磷矿当工人。没有机会的时候，他努力磨练自己，苦中作乐不以为意，并且得到周围人群的充分认可；一旦机会闪现，他便毫不迟疑地翻身上马，一路奔驰。高考、留校、做外事工作、出国读博、留美任教，这一系列选择每一次都果决而精准，终于一步步实现了儿时在煤油灯下怀揣的梦想。

需要特别指出的是，郑先生不仅实现了儿时在煤油灯下怀揣的梦想，而且以自己的多才多艺成功融入当地社会的主流文化生活，并进而为中美之间双向的文化、教育交流做出了不容忽视的贡献。正像作者自己所说的那样："机遇与选择（Opportunities and choices）是决定一个人成长与发展的重要因素。如果说考大学是我多年的梦想，出国留学则是我不曾奢望的。如果没有接受到外事处工作的调动，我大概不会想到出国。机会可遇而不可求，但是选择则是可以自己把握的"。

应该说，奋斗精神和对命运的准确把握，就像人生的两根支柱，缺一不可。没有前者，难以挺直身体；没有后者，则如贫女怀宝，才能得不到施展。反之，倘若只有后者，不仅人生格调不高，且必定行而不远。

《大学之路——亲历中美教育与文化》所展示的成功人生，绝非偶然。

衷心祝愿郑滨耀先生在这一番精彩盘点之后，能够像刘禹锡诗里写的那样："莫道桑榆晚，为霞尚满天。"以他对人生一以贯之的乐观态度和掌控能力推断，这肯定是一件毫无疑问的事。

是为序。

2021 年 11 月 12 日

郑滨耀　著

前　言

　　岁月不居，雁过留声。中国 1977 年恢复高考，已过去四十多年了。然而，那届考试以它独特的历史背景和对中国社会发展的重要影响，载入了中国和世界的高教史册。我有幸参加了 1977 年高考，分享了历史赋予的机遇、荣耀和责任，实现了儿时萌生的大学之梦。

华中师大外语系七七级纪念入校四十周年

　　为纪念 1977 年的高考，我写了《失而复得的大学之梦》，由美国的中文媒体于 2019 年夏至 2020 年秋分上、中、下、续四篇连载。之后，不少七七级同学发来热烈的反馈，还有年轻

郑滨耀　著

的朋友畅谈文章对他们了解历史、面对未来的启示，给了我极大的鼓舞。《亚特兰大七七级纪念文集》的编辑刘涵华、易树人对文章的文学性给予了肯定，并鼓励我将之充实扩展，写成一本书。藉此，我于 2020 年秋着手编写此书。

上大学前我曾在农村和矿山劳动，教过小学和中学。在家庭遭遇与历史潮流叠加的逆境中，我没有消沉，没有放弃学习和向上的追求。本书的"中国篇"以纪实和微观的手法，记叙了我对那个年代难忘的回忆。

"美国篇"记叙了我留学和教大学的经历，穿插了我在此期间写的部分散文、通讯、人物介绍、以及文艺评论。这些文字回顾了我作为一名教育工作者的心路历程，再现了中美文化教育交流的热烈场景，并展示了在美华人和美国人民——特别是教育工作者和文艺工作者——对于美好和谐世界的向往和为之所作的努力。

由于是纪实，书中人物除少数化名以外都用了真名。此书送去我对他们深深的思念和美好的祝福！

书中各篇文章相对独立，所讲述的故事都有一定的教育内涵。如开篇《听"二泉映月"》讲述音乐与人的发展；接着的《第一个理想》探讨儿童早期的志向对于之后发展轨迹的影响；尾声《今夜星光灿烂》抒发感恩之情，并赞美七七级同学践行终身学习理念的精彩人生。文末的"主题词汇"为读者的延伸思考作了提示。

我希望，依托"学习、向上"的教育主题和"和谐、合作"的跨文化理念，本书能为砥砺求学的青少年学生提供一些启示，为教育工作者和学生家长提供审视教育的思路，为从事教育质性研究的学人提供些许素材与参考，并为有兴趣的读者了解海外华人融入主流社会的奋斗过程提供一个窗口。

本书在形成的过程中，得到美国《美中报导》社社长江维先生、《新报》主编 Mr. Jack Wang、《神州时报》和《联华报》社社长叶友庄先生、《北美酷播》主编浮子、《亚特兰大七七级纪念文集》编委会黄慧、侯亚新、雷鸣等同学的鼎力支持，在此谨致谢意！

特别感谢文学家刘涵华教授为书稿编辑、润色，并欣然作序。刘教授高屋建瓴，从文学、教育、心理、审美的角度，对书中章节进行了归纳和分析，让全书蓬荜生辉。读者除了从《序》中享受这篇文字本身的美妙，还会在阅读本书的过程中得到难得的引领。

特别感谢《亚特兰大七七级纪念文集》编辑易树人先生为本书内容谋篇布局，并为初稿作详细编辑。易先生以社会科学研究的背景，对诸如教育理论与实践、中美社会场景的描写提出了宝贵的补充意见。

有着职业记者经历的李安宁先生对本书的写作风格给予了热情的肯定；语文教师赵成程、刘文军和电视编辑邹林娜为"中国篇"的部分章节提供了修改和完善意见；曾任 China Daily（中国日报）和 American News（美国新闻）记者与编辑的梁维亚为本书的英文文字作了审校和润色；中国摄影家协会会员祖国新为部分照片作了技术加工；就读于美国马里兰艺术学院的江卓钰（Alina Jiang, Maryland Institute College of Art）为本书精心绘制插图。在此，我谨致以衷心的感谢！

众多读者对本书的写作给予了热情的关注。他们或提供资料，或分享经历，或对初稿予以点评，其中有：华中师大外语系七七级同学张金顺、孙永宁、凌丽华、吴云、孙爱华、应来喜、梁维亚、刘寿权、刘迅、胡倩、杨扬、乐晓明、张虹、甘嘉琪、林小琳、田永康、黄保荣；亚特兰大七七级同学群江山、张玫、姚昌斌、唐学新、黄建中、李里更、揭湘沅、田礼

郑滨耀　著

成、李大元、黄春和、孙丽、邱林青；亚特兰大民乐团王智宏、王燕燕、杨一光、李俊、黄钟钟、徐海英、沈丽玲、温燕娜、路瑶、卓琳、沈斌、毛羽翎；亚特兰大湖北同乡会郭彦文、刘俐、李波、罗飞军、吴劲松、若敏、涂前飞、姚华明；还有我在海内外的亲人。他们的鼓励陪伴我完成了书稿写作。我要对所有支持我的亲人和朋友们说：感恩有你！

本书的出版还得到肯尼索州立大学的认可和支持。中学教育系原系主任 Dr. Wendy Sanchez 和新任系主任 Dr. Nimisha Patel 视其为我的研究成果，并对书稿着墨于中美教育与文化予以赞赏；教育学院院长 Dr. Adrian Epps 也对之予以肯定；艺术学院陈明教授为中美文化交融的章节写了热情的英文介绍。我感谢肯尼索州立大学的领导、同事，还有学生——他们崇尚的国际视野和包容性的跨文化理念，成就了我美好的愿望。

特别感谢美国溪流出版社经理王笑梅女士、编辑曾芸女士和她们的团队，为本书的审校、编辑、排版、装帧煞费苦心。他们一丝不苟的敬业精神和高效的工作，为本书以现在的面貌问世成为可能。我谨向为本书的编辑出版付出辛劳和智慧的所有人士致以诚挚的谢意！

限于本人的认知和写作水平，本书在内容的取舍、对人和事的描写、对中美社会场景的展示，还有对教育学、社会学、心理学相关命题的探讨和评论，都会有不足和不妥之处，恳请专家和读者批评指正。

作　者

电子邮箱：
bzheng@kennesaw.edu

Introduction

I dreamed of going to college when I was a middle school student. I was curious about mathematics, English, and music and performed exceptionally well in math. My homeroom teacher encouraged me to later apply for Tianmen High School, the best high school in Tianmen County, Hubei Province and one of the best in China then.

In the summer of 1966, when I was going to be an eighth grader, an unpredictable social turmoil befell China that destroyed my dream. All colleges and universities shut down, and we had to go to physical labor, typically working in the countryside. That social turmoil has been known as the "Cultural Revolution."

In 1977, after a tumultuous eleven years, China resumed its entrance examinations to allow young people to go to college again. I seized the opportunity, scored well in the exams, and was fortunate enough to enroll in Central China Normal University, one of China's key universities in teacher education, majoring in English Language and Literature.

The 1977 class was a very special group in China's higher education history. Many of the students brought to the classroom a variety of working experiences. They hailed from all walks of life and were commended as the most diligent class, drawing great attention with historians, educators, psychologists, as well as social and cultural scholars in an effort to explore the impact of societal changes on human development.

郑滨耀　著

Like millions of young people in China at the time, I had my own share of struggles and persevered through the "Cultural Revolution." I had worked in the countryside as a peasant and a worker in a phosphorus mine before having the opportunity to teach in an elementary school and later a middle school. These experiences shaped and deepened my understanding of life and ultimately prepared me in many ways for my later profession as a teacher educator in the U.S.

I came to the University of Memphis in 1989 as an exchange graduate student, continuing my dream of learning and teaching. I redesigned my academic pursuit to focus on educational psychology and research methods, hoping to be able to help those who enter the profession of teaching to teach effectively, thus making learning a happy and promising experience for young children and adolescents.

As a coping mechanism in my earlier years, I sought solace and spiritual enlightenment through music, and I fell in love with it. My love of music has given me a different window into the human spirit and opportunities to engage in community work, giving back to people that nurtured me through the years. I played the Chinese violin *Erhu* and integrated it in my teaching and community service. I also contributed to cultural diversity and equity, writing bilingually for local and international media as part of my professional and community engagement.

This collection of writings is based on my experiences in China and later in the U.S. with thirty-seven essays in eight chapters. The first part, Memories of China, recalls my childhood through the college years; the second part, Memories of America, reflects on my experiences as a graduate student and then as a faculty member in teacher education. The essays adopt qualitative, narrative, reflective, and analytical methods to link my personal experiences to theories and concepts of human development, educational psychology, and sociology. Some of the essays report and analyze data from interviews, observation, and documentation.

Each essay is relatively independent and has an educational theme such as motivation, child and adolescent development, diversity, teaching and supervision, friendship and collaboration. The first essay entitled *"Listening to 'The Moon Over the Fountain,'"* for example, tells the story of how I got interested in music when I was six years old. The essay explores children's early interest and intrinsic motivation in learning. The following essay, *"My Early Goal for the Future,"* explores the early mindset and its long-lasting impact on human development. The ending essay, *"Celebrating Children's Day,"* demonstrates the effect of life-long learning and the implication of gratitude.

Essential questions this book tries to address include:

What is the nature of learning?

How is learning intrinsically motivated?

What is the impact of social changes on child and adolescent development?

What are the roles of an effective teacher and of an effective graduate advisor?

What can fine arts such as music contribute to human development and social life?

How can collaboration emerge among people from different cultures?

What are the similarities and differences between Chinese culture and American culture in terms of values and beliefs, educational perspectives, and educational practices?

郑滨耀　著

What can Chinese and American educators learn from each other's perspectives and practices?

In order to address these and other related questions, this book explores a number of theories and concepts covering topics such as: environmental influences, parenting styles, mindset, goal setting, expectations, intrinsic motivation, attribution, opportunities and choices, cognition, self-regulation, learning from reflection, constructivism, best practices in education, teachers' devotion, special education, music education and performing arts, international collaboration in education, cultural diversity, community life, and gratitude.

My experiences, particularly learning and teaching in the U.S., benefited from and were enriched by working with many professionals in education. I miss my professors and classmates at University of Memphis, an unforgettable second hometown for me and my family by the Mississippi River. I cherish the support and friendship from my leaders, colleagues, and students at Kennesaw State University, who hold rigorous multicultural values and a global perspective. This book also is a tribute to their devotion and efforts in guiding, supporting and helping me through my journey. I regret that the body of this book is in Chinese, and I hope they still can read it with the amazing new technology such as Google Translate.

Binyao Zheng
Kennesaw State University, U.S.A.
bzheng@kennesaw.edu

中 国 篇

Memories of China

郑滨耀　著

中国武汉黄鹤楼

第一章

童年的梦想

当童年已经远去，那些记忆，不管是金色的还是灰色的，快乐的还是悲伤的，都成为我们人生中宝贵的精神财富。

郑滨耀　著

1. 听《二泉映月》

湖北天门，广袤的江汉平原，是我童年生长的地方。小时候，春天里捉蝴蝶、夏日里捕蜻蜓，还有玩水、嬉戏，都是玩耍；唯有对于音乐的痴迷，不仅留给我美好的记忆，还伴随我成长、发展，并作为爱好，从中国带到了美国。

我家东头隔两户人家，住着一位盲人万洲先生。万先生靠一把胡琴走街串巷，为人算命看日子，聊以为生。他拉的多是地方戏的小曲，我记不清了。但他有个年轻的盲人伙伴彭先生，琴技精湛，让我终生难忘。

彭先生那时二十多岁，常来万先生家，有时他们还结伴出行。每次彭先生还没进村，他悦耳的琴声就传过来了。只要听到那熟悉的声音，我就会跑过去，在他身旁聆听、观摩。他常常演奏的一首乐曲深沉柔美，时而轻吟舒展，时而激情奔放，如歌如泣，带着凄凉和悲伤。后来我学习二胡时回忆起那优美的旋律，那是阿炳(华彦钧)的名曲《二泉映月》！

胡琴真神奇，能奏出那么动听的声音。我想有一把琴，但看到胡琴那么精致，应该很贵吧。于是，我不敢要求父母为我买琴。经过多次仔细的观察，我揣摩了胡琴的结构和发音，决定自己制作。

那时我不满六岁。一天上午，趁着家里人都出去了，我爬到阁楼上，摆开准备好的工具和材料，开始制琴。用打水的圆竹筒作琴筒，麻梗做成琴杆和旋钮，粗细不同的索线作琴弦，带弯的芝麻杆和细长的蓑衣鬃做成琴弓，还有千斤、琴码，一应俱全。我细心地忙碌着，沉浸在对于胡琴的期盼之中。母亲在房前屋后到处找我，喊我回家吃饭，我都没有听见。终于，胡琴做成了，我试着定弦，它居然能发出近似"dou – sou –"的声音。

郑滨耀　著

母亲听到声响，来到阁楼。她见我拿着自制的胡琴，又惊喜又生气，"你躲在这里一整天，就是做这个胡琴呀？快给我看看！"我把心爱的胡琴递给她，她接过琴，不料琴杆太脆弱，一下子就断成了两截！

不等母亲说什么，我从楼梯上下来，一口气跑到村后的芝麻地里。带着憋屈，我坐在田塍上哭泣，胡琴没了，我好像失去了一切。秋日的晚霞映照着岑寂的原野，快要成熟的芝麻一株株笔直地站立着，像是在嘲笑我太不坚强；橙黄色的芝麻叶伴着我伤心的眼泪，飘落到地上。祖父终于找到了我，好说歹说把我哄回家，这时母亲已为我准备了可口的晚餐。

父亲从县城开会回来，听了这件事非常高兴，还夸奖我聪明、能干，说等我长大一点了就给我买一把真正的胡琴。他责备母亲说："你看，他做了一天的胡琴让你给弄坏了，叫你做你还做不出来呢！"其实，母亲也为我高兴着。我上初中离家之后，她给邻里乡亲讲述这个故事，话语中不无骄傲和自豪。

在美国师范教育的课堂上，当讨论如何发现和发展儿童早期的爱好时，我常常与学生们分享这些童年的经历。他们全神贯注聆听的情景，给我留下了深刻的印象。有名学生在评课时写道："他用亲历的往事阐述上课的主题，听起来如同艺术的享受（entertaining）"。其实，是故事本身感动了他们。

儿童最初的兴趣与爱好，特别是对于艺术的酷爱，有与生俱来的天赋，更重要的是后天环境的影响。我喜欢上音乐，是因为从小欣赏到万先生和彭先生的二胡琴声，特别是彭先生演奏的《二泉映月》，深深打动了我幼小的心灵。

我对胡琴的爱好后来几经波折，但还是保持了下来。出国之后，我先后得到了二胡演奏家王艺、杨春、王智宏几位老师的专业指导。我不仅有机会参加合奏演出，还不时为学校和社区的文化活动表演独奏，俨然成了中西文化交融的积极参与者。

参加肯尼索州立大学 2010 年新春联欢晚会演出
（钢琴伴奏：陈静薇）

主题词汇：

儿童发展，兴趣，音乐，环境影响，人生

郑滨耀　著

2. 第一个理想

从我自制胡琴之后，父亲开始带我到他教书的伏岭小学分部去玩。我们家离那儿不远，沿一条沟渠向东，经过一个开满荷花的池塘，一会儿就到了。

那所分部只设一至三年级，学生上四年级就到本部去了（本部只设四至六年级）。学校连我父亲有三名教师，一名勤杂员兼炊事员。校舍原是一座古庙，主楼大厅设三年级教室，两边靠窗是教师办公室。主楼前面两边各有一间厢房，是一、二年级的教室。典雅的三合院中间飘扬着五星红旗，那儿是学校的操场，也成了我玩耍的地方。

父亲办公室有一座金色的挂钟，那钟垂均匀地摆动，和着"滴答滴答"有节奏的声音，永不停息。我趴到钟前，倾听它清脆的脚步声。

中午，炊事员大伯给每位老师送来一份饭菜。父亲将他的分一半给我，旁边的老师打趣说："滨耀，又来剥削你爸爸啦？"我不懂什么是"剥削"，但能理解：我让父亲挨饿了。

不久，父亲让我随意在操场上玩，还可以蹲在教室门口听他讲课。有一天他上二年级的语文课，讲的是抗日战争时期，北方某地的村民机智勇敢、消灭日本鬼子的故事。其中的片段我还记忆犹新：黄昏，一个日本兵鬼鬼祟祟来到一条小河边，想过河。他看到对岸有一条小船，船上有一个人影，就朝那边喊叫："摇过来吧，给你大洋！"父亲绘声绘色地朗读着课文，学生们睁大眼睛听着，看来学习真有趣呀！

每天，我和父亲一起去学校。我得意地骑在父亲的脖子上，迎着朝阳而去，披着晚霞而归，那是我金色的童年。到美国学了教育理论以后，我才明白，父亲看出了我对学习的兴趣，让我提前感受学校和课堂的氛围。

可惜，那快乐的时光太短暂了。1959 年秋季，父亲调到离家较远的伏岭小学本部教书，我在那熟悉的分部上了学。那年，农村情况发生了巨变：村里的大食堂关门了，我上过的乡村幼儿园也停办了，人们的生活更加困难。父亲是当地的模范教师，经常去天门县城和麻洋区里开会，很少回家。听说，"反右倾"运动开始了。

那年初冬，一个让人刻骨铭心的傍晚，伏岭小学急匆匆来了一位老师，说我父亲去世了！

古人云：天有不测风云，人有旦夕祸福。那晴天霹雳，让人来不及应对，也无从思考。那时我还不太懂事，但知道再也见不到父亲了，从此没有了往日的快乐，对胡琴的痴迷也戛然而止。

第二年春天，在湖南的姑妈要我去她那里上学。姑父是那儿国营黄盖湖农场的领导。姑妈在信中说，那里是吃农场的食堂饭，学校离家不远。于是，我坐上祖父的独轮小推车，告别母亲、哥哥和两个妹妹，踏上前往湖南的路程。

第二天，还没走一半的路程，独轮车的车轱辘"咔嚓"一声断裂了，我差点从车上掉下来。祖父跋前疐后，问我："这车坏了，你得自己走路了。你看，我们是回家，还是继续去湖南呢？"我想，如果回家，那花费的时间大概也可以到湖南了吧，于是我提议继续往前走。于是，祖父背上行囊，带我继续南行。没想到遇上了连绵春雨，我们辗转七天，才到达长江南岸我姑妈家所在的湖南临湘。

我在农场的小学插班接着读一年级，认识了叶世友、高显银等来自全国各地的小伙伴。表哥刘国道上小学高年级了，我叫他国哥。国哥常常带我到长江岸边去玩，我喜欢江中不时翻飞的乌黑色的江豚，还有鸣着长笛来来往往的巨大江轮。

在姑妈家我衣食无忧，除了表哥，还有表弟刘国平、表妹刘先平和我一块玩，很快活；但是，每当我眺望浩渺的长江，

郑滨耀　著

就会想到北岸那模糊的树林和大堤背后，远处就是我的家乡啊！也不知母亲、哥哥和妹妹们现在怎样？他们没有像这儿食堂的白米饭，他们有吃的吗？我越来越想家，提出要回湖北。春节过后，祖父带着我，到对岸的洪湖市（那时称"新堤"）乘坐江轮到武汉，再转乘汉江上的轮船回到我家所在的麻洋。

上四年级时我再次跟随祖父前往湖南姑妈家，在那儿上学。还是因为想家，只呆了一个学期就要求回到了湖北。

2011 年，我从美国回国探亲，前往湖南看望年迈的姑妈，那时姑父已故去了。表妹夫安排了隆重的聚会，欢迎我和随行的亲人，同时为表弟、援非农业专家刘国平出国壮行。晚宴上我见到了阔别多年的叶世友同学，昔日的小伙伴，两鬓已有白发。此时农场已改为公社，他是公社的书记，对我的到访喜出望外。谈及往事，我不禁想起我们一起走过长满芦苇的湿地，蹦蹦跳跳上学的情景。面对老同学，也是当地的父母官，我表达了沉积于心中多年的感恩之情："我曾两度从湖北来湖南上学，因为家庭遇到了不幸。我感恩姑父姑妈，同时感恩湖南这片土地，让我在逆境中度过了一段快乐的时光。"

我怀念骑在父亲的脖子上去学校的情景，怀念人们尊敬地叫他"郑先生"。父亲十六岁开始教私塾，是新中国第一批年轻的公办教师。父亲生前曾说，他希望我"成为一条龙"。我懂得了，纪念父亲最好的方式，就是好好学习，做他所希望的有出息的人。

见不到父亲了，我变得少言寡欢，忘却了曾经喜爱的音乐。第二次从湖南回家后，祖父给我买来一把真正的胡琴，我却没有心思去动它。直到上了初中，受音乐老师的启蒙和鼓励，我才重新感受音乐的魅力，还有它带给我的知识与快乐。

我专心地学习，发现语文书中的词汇都那么优美，数学中的演算和应用题都很神奇。于是读书做作业从来不是负担，而是一种乐趣，就像现在的小朋友玩游戏、玩手机一样。我崇敬父亲曾经从事的事业，同时羡慕教我的老师都那么有知识，于是我想，长大后要做一名小学教师。

若干年后，我被招工到化工部荆襄磷矿，劳动半年后接受正式分配，到职工子弟小学任教，奇迹般地实现了儿时的第一个理想。

发展心理学揭示：儿童早期的理想，不一定都会实现和保持，但是对于之后的发展轨迹会有深远的影响。童年的理想主导了我的努力方向，学习的快乐给了我实现理想的内在动力（Intrinsic Motivation）。于是，教书成了我终身的职业。

主题词汇：

理想，学习，教师，家庭，儿童发展，人生遭遇，伙伴，友谊，感恩

郑滨耀　著

3. 升学

上世纪六十年代，中国农村的教育资源十分匮乏。湖北天门虽是鱼米之乡、秀才之乡，但乡村小学生升初中十分艰难。我上五年级时，学校来了位学识渊博的涂在君老师，当我们的班主任。涂老师为我们殚精竭虑，用两年的艰苦努力，一举改变了伏岭小学几年没考取一个中学生的状况。

涂老师毕业于湖北大学，三十多岁，他临危受命，担任我们五（二）班的语文、数学教学，把我们带到毕业。涂老师家离学校不远，可他住在学校，将全部的精力投入到了教学之中。他还经常和一班班主任张享中老师切磋、研究，制定了伏岭小学升学突破零的宏伟规划。

五年级时，涂老师为我们夯实知识的基础。春天，他带我们到充满生机的田野，观察茁壮生长的麦苗、蚕豆、还有芳香四溢的油菜花，回到教室写景作文。数学课讲到三角和圆，他要我们从家中找来各种形状的器皿，计算其容积。他讲课总带着微笑，不时投来期待的目光，似乎在问：你明白了吗？

六年级时，我们一边上新课，一边开始升学考试的训练。上学期每周一篇作文，下学期几乎每天都写作文，还不时有限时的命题作文。我们练习过许多题目，其中就有后来升学考试的作文题《我的理想》。与此同时，涂老师带我们梳理了小学数学的重点难点，进行了无数次的模拟考试。

后来我到美国学习教材教法和考试考核理论，回忆起涂老师的敬业精神和他前瞻型的教学方法，对老师的崇敬油然而生。

1965 年我小学毕业。六月的一天，我来到汉水河畔的麻洋中学，参加第二天全县统一的初考。一条连接汉江的小河从校园后边缓缓流过，望着澄湛的河水，我踌躇满志，思忖着即将来临的考试对自己未来的意义。我深知，如果考不上中学，我的学业将就此结束，想当教师的理想也就不可能实现。我知道，所有的亲人，还有涂老师，都对我升学寄予了期望；如果父亲在天有灵，也一定期待着我学业上的进步。因此，我必须考上中学！

上午考语文，命题作文《我的理想》，一个我们已经熟悉的题目。记得涂老师在讲解这个题目时强调，理想不仅是自己的梦想，还应是国家和人民的需要，要有真情实感，用朴实而生动的语言，写出产生这个理想的缘由和实现理想的打算。我写了儿时学校环境对我的熏陶，写了父亲给我幼小的心灵留下的教师形象，接着写了我从老师那里学到的宝贵知识，还有学习带给我的许多快乐。于是，我梦想着，长大后做一名小学教师，为国家教书育人。下午考数学，内容都是学过、练过的，我觉得都做对了。

不久之后的一天中午，艳阳高照，张享中老师风尘仆仆，骑着自行车为我送来录取通知书——我考上了天门县岳口中学！张老师告诉我：他教的一班有 11 人考入区办中学；而我们二班 31 名学生，14 人考入区办中学，3 人考入县办的岳口中学，我是其中之一。伏岭小学成了当年天门县的明星小学之一！

录取通知书说，岳口中学学生的口粮由国家提供，我将由农村户口转为城镇户口，到学校住读。全家人都为我考上县级中学而高兴，特别是哥哥。哥哥已辍学回家，过早地参加生产队的劳动了。他说，只要弟弟能上学，他在家务农一样高兴。

暑假之后，伯父送我去岳口上学。那时，麻洋区到岳口镇没有公路，唯一的大众交通工具是汉江上的轮船。每日一班的客轮从武汉的汉口码头始发，溯江而上，深夜时分停靠麻洋，次日天亮后抵达岳口。伯父带着我，先到麻洋镇上一位熟人家里落脚，在那儿赶乘当晚开往岳口的航班。

郑滨耀　　著

　　乘坐汉江上的轮船，我已经不是第一次了。上一年级时去湖南姑妈家上学，回来时先乘江轮到武汉，再转乘汉江上的轮船到麻洋。上四年级时我又去姑妈家生活半年，去来也都是乘坐轮船。那两次远行与其说是上学，不如说是为了生存；而这次乘船是去上中学 ——我向往的读书的地方。

　　船上乘客不多，伯父整理出一块地方，叫我睡觉。我一点儿也不困，兴奋地倚在船舷的窗口，眺望夜色中缓缓移动的防护林，还有零星的渔火。岸边不时有高耸的灯塔，指引着过往的船只，也照亮了我前往的方向。

　　时光飞逝，后来我如愿当了教师，先教小学，后来教中学、大学。我还有幸从中国来到美国，为两国乃至世界师范教育的发展而尽力。我发现，中美两国有一个共同的理念：教师能改变学生的命运。我的童年虽然历经坎坷，但我有幸遇上了涂在君老师那样杰出的教师，让我学到了知识，考上了中学，从此人生有了新的希望。

主题词汇：

教师，敬业精神，前瞻型教学方法，理想，目标，期待，人的发展

4. 美丽的大学梦

岳口是汉江边上一座古老而美丽的小城，是天门县（今天门市）仅次于县城的繁华城镇。岳口中学历史悠久，只设初中，师资配备齐全。学校的培养目标很明确，就是要将学生送上高中，特别是重点高中。我们年级四个班，一、二班的外语是俄语，三、四班的外语是英语。我在初一(三)班，学英语。

上小学时我语文、数学并重，来到初中，我对数学似乎更感兴趣了。繁分化简、解方程，都很神奇。教数学的陈杰元老师和小学的涂在君老师一样，对我的作业和考卷爱不释手。学年末的年级统一数学考试，我提前交卷。校门口的橱窗里展示着二、三年级老师用红笔写的标准答卷，一年级的是我用蓝笔作的答卷，满分，而且工整。之后班主任周怀铭老师找到我，问我是不是很喜欢数学，我说是的。周老师说，下学期的数学老师将为我个别辅导，希望我继续努力，毕业时考天门高中。

也是在初中一年级，我得到了英语和音乐的启蒙。先后两位英语老师教我们。一位是归国华侨石道明老师，第一节课他用手摇留声机为我们播放英文字母发音，还教我们唱字母歌。另一位是原国民党军队翻译官、被发配来教书的梅道义老师。梅先生那时已五十多岁，讲一口浑厚的英语。我来美国后回忆起这位老师，觉得他讲的是地道的美式英语，他也许是民国时期的留美学生。

音乐是我每周盼望的课程。嫣元葵老师是位多面手，他用脚踏风琴带我们练习音阶、识唱简谱，还为我们演奏手风琴《花儿与少年》和二胡《江河水》，听得我如痴如醉。我告诉嫣老师，我学过一点胡琴，他说等学校成立乐队，让我到里面学习拉二胡。怀着这些美丽的向往，我仿佛置身于快

郑滨耀　著

乐的天堂，感到无比的幸福。

我们每周学习六天，学校隔周放假两天，让学生回家。从麻洋到岳口乘坐轮船太难，聪明的高年级大哥、大姐们找到了更好的途径——步行。陆路单程约五十里路，我们周六回家，周日返校。

第一次跟随高年级同学们一起回家，天不亮我和同寝室的几个小伙伴就兴奋地起床了。我们背着书包，迎着朝阳，兴高采烈地踏上陌生的路途。走过几趟后路就熟了，边走还边欣赏沿途的田园风光——秋日中雪白的棉花，春风里翻滚的麦浪，金色的油菜花飘来芳香。夏天路过途中的小湖，准能看到成群的野鸭在荷花丛中悠闲地游荡。

从 1965 年秋季开始，我们把那条路走了许多遍，朝发夕至，两天的周末大都在路上。是天公作美吧，回家往返大都是晴天。偶尔有一次遇上阵雨，我和同学为了避雨跑到路边的禾场。正在忙碌的老大爷搁下手中的活儿，听说我们是从岳口回家的学生，连忙带我们到附近的仓库里避雨，还夸奖我们小小年纪，出远门念书，长大后一定会有出息。

那条路，是我少年时代的幸福之路。路虽漫长，但我不觉艰苦，也没感到疲劳，甚至都忘了饥渴，因为上学读书是幸福的。班主任周老师说了，毕业时考天门高中，以后还可以考大学，学好数理化可以当工程师。于是，上大学、当工程师，成了我新的追求。

主题词汇：

理想，目标，追求，兴趣，教师，启蒙，人的发展

5. 远去的大学梦

就在我的大学之梦刚刚开始的时候，中国的"文化大革命"爆发了。

1966 年的暑期我们不能回家，老师让我们学习毛主席的《我的一张大字报》，批判新编历史剧《海瑞罢官》，尽管我们对那些都不是很明白。

校长杨仁修先生被高年级的一帮学生软禁在校长办公室。那些学生的口号是：推翻陈旧的教育制度，打倒其代言人。同情校长的学生自发组织起来，昼夜值班，守护校长。我虽然小，也加入了守护校长的行列。后来知道，杨校长是上世纪六十年代华中师范大学俄语专业的毕业生，"文革"开始时他才三十多岁。平日里风度翩翩、蔼然可亲的杨校长变得满面愁容，终日一言不发。

秋季开学了。说是开学，但没有上课。几位我尊敬的老师受到了冲击，被自称"造反派"的学生抓起来批斗。全国大中学校都停课了，学生开始大串联，去北京、去延安，去革命圣地寻找红色革命的足迹。

由学校安排，一位青年教师带领我们十来个学生，徒步几天，来到长江北岸的沙市（今已并入荆州市）。我们所到之处免费吃住，受到热情的接待。在沙市住下后，我们就去看大字报专栏，还帮大一点的同学散发传单。在那段时间，我学会了刻写钢板和操作油墨印刷机，并学写仿宋体字，为后来在建设工地做宣传和当教师刻印考卷打下了基础。

第二年春天，老师带我们步行两天来到武汉，在汉口古田二路的湖北省公安学校住下。接着，我们徒步前往武昌，参观毛泽东早年举办的"中央农民运动讲习所"。初中二年级就在这样的"革命浪潮"中度过了。

郑滨耀　著

1967 年秋季，学校"复课闹革命"。数学课的几何我很喜欢，但新的老师没提个别辅导的事。英语老师是那位讲一口美式英语的梅先生，教材换成了《毛主席语录》英译本。我学会了朗诵好几段语录，被同学们戏称为"外国人"。回家时有空我还背诵英文，祖父听了乐着说："滨耀以后可能会做'交通'了！"他解释说，以前朝廷在接待外国使臣时都靠"交通"，即翻译。于是，我有了上大学、做翻译的梦想。

好景不长。1968 年新年前后"文化大革命"又起狂澜，两派武斗，波及到学校。我们被组织起来，排成长长的队伍，到汉江边的天门化肥厂声援被"造反派"殴打的工人，并参观工厂。

学校又停课了。为了我们免遭伤害，老师让我们回家，说等通知再回学校。

那年秋天，全国开展了轰轰烈烈的"知识青年上山下乡"运动。学校通知我们立即返校办理毕业手续。我到岳口大街上的华侨照相馆照了张半身登记照片，领到了初中毕业证书和粮油户口证明。家住岳口镇的同学上山下乡，我们乡下来的学生哪来哪去，作为"回乡知青"回到农村。

告别曾经给我知识、快乐和梦想的岳口中学，我最后一次踏上那条从学校回家的漫长的路。天门高中是什么样？大学是什么样？都不能再想了。我喜爱的数学、英语、还有音乐，再无处可学。当教师、当工程师、还有当翻译的梦想，都悄然离我而去。

主题词汇：

理想，目标，教师，历史，环境，挫折

第二章

磨 砺

我生于乡村，长于乡村，对于泥土，从来都那么亲切。曾想离开它，是要去汲取知识，寻觅外面世界的五光十色。而今我回来了，回到了田野上，加入到劳动者的行列之中。

郑滨耀　著

6. "回乡知青"

1968 年秋天，我作为"回乡知青"回到老家，这时我十五岁。乡亲们见到我都很惊讶，也有叹息，说这孩子本该读书的呀！年轻的生产队长是我的堂叔，他似乎已规划好我的融入过程，给我安排的第一份工是大人小孩都能做的事儿——放牛。

忘不了那头灰色的大水牛：个高体大，脊背宽平，骑上去能够侧身而坐，随着它稳健的脚步摇晃，除了几分害怕掉下来的胆怯，还有点惬意。仅仅带它出去吃了几次草，它就认识我了。每次去解它的套绳，看得出它平静的眼神里带着期盼。

大灰牛颇有灵性。一天，我按往常的办法，准备先登上它的头颈，再爬上脊背。它似乎善解人意，低下头等我。当我轻松地登上它的额头，它将双角优雅地侧后扬起，将我刚好送上它的背梁。

默契也有意外的时候。有一天刚下过雨，沟渠边芳草萋萋，大灰牛在越过一道沟堑时一蹄踩空，我便从它高高的背梁上滚落下来。等我爬起来，只见它立在那儿回望着我，一副难过的神情。我牵上它，趔趄着走回沟边的小路。

我每天放牧大灰牛，骑在它宽阔坚硬的脊背上，沐浴着家乡的晨曦和晚霞。那是江汉平原上的鱼米之乡啊，一望无边的原野上沟渠纵横，庄稼茂盛，鸟语花香。

当四周没有行人，广阔的原野一片安谧，我想起了唱歌。想起小学四年级刘老师用二胡教唱的《四季歌》，又想起初一嫣老师用脚踏风琴教唱的《听妈妈讲那过去的事情》。带着那些美好的回忆，我放开歌喉：

月亮在白莲花般的云朵里穿行，晚风吹来一阵阵快乐的歌声，我们坐在高高的谷堆旁边，听妈妈讲那过去的事情……

郑滨耀　著

　　歌唱着讲故事的妈妈，　我不禁想起正在田间劳动的自己的母亲。母亲相信命运，在我很小的时候就请村里的盲人万先生为我算命。万先生告诉她："这孩子会有出息，但是长大了不会呆在你身边，他会远走高飞。"于是当我离家到岳口中学住读，母亲特别高兴。而今，我没有远走，却早早地回来了，我让母亲失望了！

　　过年后，按队长的安排，我参加不同的农活。春天里播种棉花，接着是锄草施肥。尽管戴着大草帽，几天锄草下来，脸晒黑了，手上打起了水泡，对这些都无暇顾及。我期待着夏天的到来，因为那时，我可随青壮年劳力到北面的沉湖边上，住在那儿插秧。

　　五月的一个晴天，我们二十来人分乘几条木船，向十里以外的沉湖进发。刚出村时水道窄，行船用竹篙。撑篙人侧身站立船头，脚尖踮起，竹竿入水，船尾笔直朝前飞出好远。进入通往沉湖的伏岭河，掌船改用双桨。穿过几个桥孔，河道变宽，船速加快，两岸的垂柳、芦苇丛、还有各种无名花，从身边一掠而过。我想起小学语文课本上李白的《早发白帝城》：

　　朝辞白帝彩云间，千里江陵一日还。两岸猿声啼不住，轻舟已过万重山。

　　这儿没有高山，没有猿声，但轻舟如箭，风景如画。我领悟到诗人李白流丽飘逸、浑然天成的气势，还有他在坎坷人生中乐观昂扬的心境。欣赏着沿途的风光和木舟划起的涟漪，再看看掌船人优美的划桨姿势，我不禁想：家乡真美，而且我要学会使船！

　　湖区河汊交织，周围没有人烟。生产队在这里搭建起一栋草屋，作为下湖人员的临时驻地，乡亲们叫它湖棚。湖棚依水而建，朝南是一望无边的稻田，靠北是通往伏岭河的沟渠。沿伏岭河再向北，过一个村庄，就进入沉湖的中心区域了。听说那儿方圆几十里的水面鱼虾跳跃，水鸟成群，还有大片的荷花、荸荠和菱角。还听说，一个大型的军垦农场就要在沉湖兴建，农场建成后这些景色就不复存在了。

沉湖风光

　　我们打好地铺就下田干活，先是拔秧，接着插秧。刚刚耙过的湖田并不十分平整，赤脚踩着浑浊的泥水，深一脚浅一脚的，生怕碰上硬物划伤，还有翻滚着的蚂蟥随时可能的袭击。这世上往往这样：你越是害怕什么，什么就会发生。果然，不到两天，我手脚划破了，蚂蟥也叮上了，浑身疼痛，不是滋味。看来下湖插秧没有想象中那么轻松、那么美好。

　　秋天，稻子熟了。望不到边的稻田在阳光下随风起伏，就像朝霞中波光粼粼的海洋。

　　还是我们那队人马驻湖收割。一条条翘首的木船，满载金色的稻穗，还有我们的汗水与喜悦，将丰收的果实运回村庄。

郑滨耀　　著

村里的禾场上，庞大的脱粒机以履带式拖拉机为动力，昼夜忙碌，打下的稻谷堆成了一座座小山。

主题词汇：

青少年，磨砺，农村，劳动，乐观，适应，大自然，家乡

7. 知青朋友

1969 年春天，队里开会，准备接收武汉知青。队长传达了"知识青年上山下乡"的精神之后，大家七嘴八舌商议该怎么安排。首批到来的是三个初中毕业女生，将暂时住在一位德高望重的老农民家里。队长强调，这些大城市长大的学生，是响应毛主席的号召来的，要好生关照她们！

之后不久，队里将一间仓库改为住房，三位知青住进了新的家。这房子就在我家前面的禾场边上，面对着宽阔的谷场和绿荫环抱的村庄，背靠养有鱼虾的池塘。三个女生，杨腊娥活泼开朗，李红略带腼腆，胡翠英则显得矜持与成熟。她们听说我也上过初中，问我的学校在哪里，是否去过武汉？她们学着自己做饭，总是无忧无虑的样子。

不久从武汉来了两位男知青，袁惠分在我们四队，杨学武去了西村的五队。袁惠比我小一、二岁，常来我家和我聊天。受他做医学院教授的父亲的影响吧，袁惠不仅聪颖，而且谦和友善，很讲义气。在那个特殊的年代和环境里，这些城里来的同龄人无形中给了我许多勇气和力量。他们远离亲人，来到这陌生的乡村，学做又脏又累的活儿。比起他们，我应该很幸运了！

回想起来，知青同学们也不无迷茫，不无忧伤。他们表达情感的方式之一是在田间劳动时放声歌唱。蓝天为背景，大地作舞台，和着春风，伴着秋雨，知青的歌声此起彼伏，延绵不断：

抬头望见北斗星，心中想念毛泽东……

太阳啊霞光万丈，雄鹰啊展翅飞翔……

后来我到美国学习了教育心理学，回忆起当年知青爱唱

郑滨耀　著

的这些歌曲，觉得那悠扬的歌声里，跳动着一代青年纯真的心灵，倾诉着他们对未来人生的追求和向往。他们歌颂领袖，也遥望着故乡，思念着亲人。他们赞美翻身农奴新的生活，希望自己也像雄鹰一样，经历风雨，展翅飞翔。

1972 年暑期，我从就读的钟祥师范学校回家探亲，听说李红和胡翠英已招工回武汉，杨腊娥去了襄樊棉纺厂，只有袁惠还没有走。那时大队已在村南面的人工河边新建了知青宿舍，将全大队的知青集中起来，成立了知青队。袁惠听说我回家了，张罗了一次聚会。他们十来人，买来了猪肉、鲜鱼，还有自己栽种的蔬菜，做了满满一桌佳肴。我们借着武汉黄鹤楼白酒骋怀而谈。我本不嗜酒，那晚却一醉方休。

又过了两年，我因公出差到襄樊，见到了已是熟练工人的杨腊娥。那天下午，正是工人们换班的时候，厂区里熙熙攘攘。门卫一个电话，不一会杨腊娥就跑来了。她身着蓝色工作服，头戴圆布帽，一副纺织女工的打扮。她一眼认出我，就像见到了娘家来的大哥一样欢喜。她询问曾经关照过她们的那对老人现在怎样？还有没有知青在那里？

有一部关于知青的电视剧《北风那个吹》，描述了一群上海知青的苦难与不幸，令人震撼！可幸我认识的这些知青同学，经历了一个能让他们留念的地方。多年之后，那里还流传着当年知青愉快生活的奇闻轶事，还有他们与当地农民保持联系的动人故事。

主题词汇：

历史，社会环境，适应，知青，友谊

8. 在沉湖农场

1970 年春天，我被派往沉湖军垦农场[1]主干人工河工地劳动，并做连部（大队）的宣传员。横贯百里沉湖，西自天门，东达汉川，一字型开凿出一条宽阔的人工河。在河的末端、位于汉川县的汉江大堤上建一座电排站，将湖水排入汉江，让沉睡的水下沃土和周围的湿地变为良田。

往日里空旷宁静的湖区现在人声鼎沸。我喜欢晴天的工地：碧蓝的天穹下，渐渐成形的河道两岸红旗招展，上万农民大军比肩继踵，干得热火朝天。我们住在临时搭建的草棚里，日出而作，日入而息。晚上夜深人静了，听得见四周蛙鸣鸟叫，还有风吹草棚呼呼的声音。

那年冬天来得早，取土的地方遇上一片淤泥，结了一层薄冰。我跟着几位乡亲，索性脱掉鞋袜，站到冰冷的淤泥中，将松软的黑土一锹一锹抛到坡地上。大家只有一个目标：完成任务，回家过年！

大年三十，家家户户贴春联。来了几位手捧大红纸张的邻里乡亲，说请我写幅对联。我找来《湖北日报》上的"春联选"和《毛主席诗词》，歌颂大好形势和展示大风景的用于大门，描写丰收和五味杂粮的用于厨房，励志的诗句用于年轻人的房门。上小学时学过一点书法，都派上了用场。有幅大门联至今我还记得：欢天喜地过新年，莺歌燕舞庆丰收，横披：前程似锦。

---

[1] 湖北沉湖军垦农场于上世纪七十年代初建成，2001 年停止运作。之后所在县、市实行"退耕还湖、退养（殖）还湿"，建设生态湿地。2013 年，湖北沉湖湿地被列入国际重要湿地。

郑滨耀　著

忙了半天，我很快乐，因为我为家乡的节日增添了一份喜庆。大年初一，当人们走村拜年，在我写的春联前驻足点评，我很高兴，几分成就感油然而生。遗憾的是，之后不久我就离开了家乡，从此再没有机会为乡亲们书写春联了。

春节之后，我被派往位于汉川县的沉湖军垦农场电排站建设工地，并做伏岭营（公社）的宣传员。这时的岳口中学仍处于关闭状态，当年教我们音乐的嫣元葵老师带领天门县文工团来工地慰问演出，他是当时县文工团的作曲与编导。见到嫣老师，观看他指导的演出，是我意外的惊喜。

我从小羡慕老师，还崇拜读书出类拔萃的小舅（母亲的堂弟）邓小花。1965 年秋我上初中，小舅已是天门高中（湖北省重点高中）三年级的学生。"文革"爆发前夕，他是天门高中准备保送上名牌大学的高才生。没想到，此时他也在这个建设工地上。

我带着一篇自己写的稿件，来到汉江岸边的麻洋团部办公地。出来接待的就是几年没见的小舅，他是当时团部宣传组的负责人。他微笑着看完我写的通讯，在文章的左上方加了一行文字。接着，他带我来到工地广播站，指着话筒对我说："滨耀，你来念念这篇报道。"

音乐渐去，我从左上方附加的文字开始朗读：下面播送伏岭营快讯……

我的普通话本来没学好，这毫无准备的即兴播音让我措手不及，念得不甚流利。但是，那次尝试锻炼了我的临场心理，是回乡劳动留给我的一朵美丽的花絮。后来教书、做翻译、作学术报告、还有网上讲课实况录像，我都能从容应对，因为家乡的建设工地已给了我锻炼勇气的机会。

1971 年 3 月的一天，汉江河畔阳光明媚，春风拂面，刚刚封顶的电排站主楼背靠沉湖，俯临着汉水，十分壮观。营部通讯员找到我，通知我马上回家，说我被招工录取了。一定是公社和大队领导们的安排。但是，我不知道让我去当什么样的工人，将去什么地方？

我徒步一天回到村里，大队财经队长李叔送来一份盖有大红印章的信函：《化工部荆襄磷矿新工人录取通知书》。

在工地做宣传时，我经常浏览《湖北日报》，得知在"备战备荒"的大政方针指引下，"文化大革命"的重心已由"抓革命"转向"促生产"，工矿企业开始在知青中招工。没有想到的是，首批招工全公社三个名额，怎么会安排我这个回乡知青？

后来我知道了当年招工的缘由。1969 年冬我报名参军，初选录取。但有人报告，说我父亲是在"反右"运动中不明身亡，尚无结论。因此我没能换装入伍。公社的刘凯斌、肖作前等领导都了解我父亲，他们对此不能接受，但爱莫能助。他们开会决定：今后有合适的机会，就优先安排我的工作，送我离开家乡。两年之后，我哥哥郑光耀也由当地的供销合作社招工。他先做营业员，接着做分店经理，后来成为麻洋区供销合作社的经理。

我被招工的消息在村里传开了。有乡亲说，"滨耀要当工人了！"有的还说，"是去开矿的。"好心的叔叔、婶婶提醒我："当矿工又脏又累，还有危险呢！"我想，一年多前我曾报名参军，现在怎么能害怕做矿工的艰苦和危险呢？我没有犹豫，准备到设在麻洋的荆襄磷矿招工办事处报到。

全家人都为我新的工作而高兴，母亲亲自将我送到麻洋。走出村口时，正在田里劳动的乡亲们停下活儿，向我挥手，送我远行。再见了家乡！再见了父老乡亲！

主题词汇：

青少年，磨砺，适应，大自然，历史，机遇，亲情

郑滨耀　著

9.　在矿山

　　我们八名新工人跟随招工领导，深夜时分登上了汉江上的轮船。客轮溯江而上，第二天下午到达汉江南岸的沙洋镇，我们在那儿转乘驶往襄樊方向的航班。汉江是长江最大的支流，虽然已从下游来到了中游河段，河面还是那么宽阔，两岸的防护林还是那么熟悉和亲切。第三天早晨，当汽笛拉响，喇叭里通知："前方抵达钟祥杨湾"，带队的领导高兴地告诉我们：到了！

　　荆襄磷矿是 1958 年国家投资新建的大型企业，有职工一万余人。出产的磷矿石主要用于生产化肥，还作为军工原料送往各地。杨湾又称磷矿镇，是荆襄磷矿的水上口岸，还是机械修造和职工子弟学校总部的所在地。我们在杨湾没有停留，随即转乘矿里的专车前往不远的花冲，接受新工人培训。

　　荆襄磷矿南起杨湾，向西北延伸，有刘冲、花冲、大峪口、王集几个矿区，中间有胡集火车站磷矿石装载场，战线长达近二百里。两周的集训之后我们离开花冲，前往北端接近襄阳地区的王集露天矿场。领导告诉我们，新工人先在那儿劳动半年，然后正式分配。

　　汽车行驶在橙黄色的碎石公路上，路边的梧桐树之外，时而是绿色的农田，时而是荒山野岭。望见远处不大不小的山峦，我想，那里也许就是我将要做矿工的地方？

　　经过半天的颠簸，我们到达了目的地王集。

　　群山环抱，四周没有人烟，只有带我们进来的蜿蜒的碎石公路，消逝在错落的山峦和零零星星的树林中。宿舍周围是茂盛的荒草和灌木，还有春天里迎风摇曳的各种花瓣。下班回来的工友们在去往食堂和澡堂的小路上来来往往，高音喇叭转播着电台的节目，欢快的乐曲和报告大好形势的新闻联播在宁静的山谷里回荡。

矿山生产单位也用军事化编制，我被分配到王集矿三排五班。五班长望培宽来自湖北云梦，是一位转业军人。就像电影、电视剧里带兵打仗的许多班长一样，望班长说话沉稳，字字句句斩钉截铁，毫不含糊。他既要保证每天完成生产任务，又要确保全班人员的生命安全，带领大家苦干加巧干，各项指标都是先进。工友们尊重他，上司辛排长也敬他三分。

我们每天清晨集合，沿着崎岖的山路，前往七、八里地之外的露天采矿场。行走在山间的小径上，得时时留神眼前的路迹，不小心就会滑跤，还会被藤蔓绊倒。群山一片翠绿，我们一队队的人马，打着红旗，唱着歌儿，工人阶级的豪情鼓舞着士气，让人对一天的劳动充满激情。

几个月的劳动验证了好心叔婶的提醒：做矿工又脏又累，还有危险。我们班十个人，几位老工人用风动机打眼、装填炸药和爆破，我和几名青年工人一起，将矿石装上手推车，运到小铁道上的车皮上。

夏天来临，烈日下的露天采矿场热浪滚滚。我们穿着天蓝色帆布工作服，头戴沉重的安全帽，手上是厚实的耐磨手套。一天下来，每个人背后的工装上都是汗水一遍遍浸湿晒干后留下的白色斑迹，就像抹上去的一层雪花。

一天下午，我独自在一处陡峭的采矿面装车，一块两米多高、半尺多厚的矿石迎面垮塌，我及时闪退，巨大的石块扎在了面前。曾听说过各种各样的工伤事故，特别是井下发生的事故。这点小事微不足道，人没受伤就是没事了，我没有吱声，惊出一身冷汗继续装车。

工友们来自祖国的四面八方，除了湖北，还有河南、江西、东北、江浙等地。午餐时大家聚到阴凉处，就着炊事班送来的馒头、咸萝卜，还有白开水，谈天说地，似乎都没有疲劳。技术员张师傅三十多岁，是"文革"前的大学毕业生。我很羡慕他，爱听他描绘地质的演变。他只谈学问，当大家谈论家乡和家庭时他都沉默寡言。听说张师傅出身不好，是分配来这儿"接受再教育"的。

望班长知道我读过中学，对我关心有加。一天他叫我歇会，说随着新工人的到来，王集矿将成立工人业余文艺宣传队，问我是否愿意参加。我说，我学过一点二胡，会拉一些简单的曲子。他听了很高兴，说："那你就到里面拉二胡！"接着，他说："听说你在建设工地当过宣传员，会写稿子，那你就做我们排里的宣传员，报道一下好人好事吧！"老班长的厚爱与分派，我都接受了。遗憾的是，才参加了业余宣传队的几次活动，也没来得及写篇宣传稿，我就要离开那儿了。

八月初的一天，下班后望班长来到我们宿舍。他面带笑容，也有些感伤地对我说："小郑，你整理一下，去一趟矿长办公室，陈矿长找你谈话。"我想，准是调令下来了。劳动还不到半年，怎么提前分配了？是要我下井采矿，还是去机修厂当车工、钳工、或者电工？还是去汽车队开车？就跟当初招工一样，不容我多想，叫干什么就干什么吧！

听工友们谈起过陈建矿长，一位部队转业的师级领导。第一次去见这样级别的首长，我心里有些忐忑，还不知道要谈什么呢。

陈矿长十分亲和。他让我坐下，先是表扬了一番，说我干得不错，大伙都很喜欢，接着就说到正题。就像战场上的将军做一个小士兵的思想工作一样，矿长说："我们知道，你是知识青年，是来当工人的。但是你看，我们矿上有上万名职工，有一千多名职工子女，需要上学。现在职工子弟小学急需补充教师，你去那儿教书，怎么样？"

当小学教师，不是我儿时的理想吗？但我又想，自己读书不多，当乡村教师也许还凑合，这里是国营企业的子弟学校，能行吗？我有点犹豫，对矿长说："我六八年毕业，初中还没有读完，不知道能不能教好。"矿长似乎没留余地，肯定地说："没问题，分你去杨湾中心小学，你在那儿可以边工作边提高嘛！"

主题词汇：

磨砺，矿山，适应，大自然，领导，鼓励，机遇

郑滨耀　著

第三章

高考前后

1977 年的 12 月，中国没有冬天，因为关闭了十一年的高考考场重新敞开大门，考生们用激情和渴望驱散了寒冬。

郑滨耀　著

10. 英语代培生

1971 年 8 月，我到荆襄磷矿杨湾职工子弟小学报到。参加了暑期教师集训之后就开学了，我教五（二）班的数学。教五（一）班数学的是和我在王集矿一同劳动的熊忠义，我们成了知心的朋友。

住在学校附近的职工宿舍，室友陈斌汝老师是武汉人，不久前从部队转业。他刚在师范学校学了一期的"速成英语"，已成为杨湾职工子弟中学的初中英语教师。陈老师每天早早起床，练习音标和单词发音，有时还对着镜子矫正口型。我向他借来一本教材，翻开一看，学过的单词和简单会话都还认得呢，于是就读了起来：

How are you doing? ——I am doing fine. How are you doing?

这一发而不可收。出于兴趣，也是在陈老师学习精神的感染下，我开始自学英语。我没有学习计划，没有长远目标，学到哪儿是哪儿，学得轻松，练得快乐。没想到，陈老师将这些报告给了总校领导。

春节过后，我被调到矿务局所在地刘冲，担任刘冲小学教导主任，并教数学。这是一所规模很小的分校，教导主任是唯一的驻校负责人。小学数学我教了一个学期，算是可以应付了，但这教导主任怎么当？该做什么？如何做？脑子里一片空白。正在彷徨之中，总校的佐文龙副校长前来约谈。我想是不是我工作没起色，领导来批评指导了？

佐校长满面笑容，丝毫没有挑毛病的意思。他开门见山："小郑啊，我们听说你在自学英语，而且有基础。我们经过研究，决定送你到钟祥师范学校去学习英语，两年后回来，教中学英语。你看如何？"上师范学校学英语，回来教中学

郑滨耀　著

英语——这些我连做梦也没敢想过呀！我不需要考虑，也没有豪言壮语，当即感谢领导，接受了这一安排。

我在美国学了教育心理学之后，不时回复中国学生家长的咨询。我推崇一个基本的教育原则，就是：要发掘和发展学生的特长与爱好，鼓励他们去学习和从事自己爱做、能做、而且前景看好的事情。我怀念和陈斌汝老师一起练习英语的日子，感恩荆襄磷矿为我创造了发展兴趣和爱好的机会，铺就了在那之后我能继续发展的道路。

1972 年春，中国政坛邓小平先生复出工作，整顿教育与科技领域。大学恢复办学，招收由单位推荐选拔的"工农兵学员"。"文革"期间关闭的钟祥县师范学校也重开校门，举办中文、英语、数学、理化等专业。荆襄磷矿与钟祥县开展合作，请师范学校代培教师。首批送往学习共五人，总校负责人李思奇校长将我们送到钟祥。

回到了学校，专修英语，我感到十分幸运。我们英语班二十几名学生，配备了两位优秀的教师。肖应荣老师毕业于华中师范大学英语专业，教我们的精读课。王明其老师毕业于武汉外国语专科学校，是知名学者秦秀白教授带出的高才生，教我们语音和听力。我好似回到了当年的岳口中学，尽情地感受知识的魅力与神奇。

第二年春天，学校要派一名学生前往荆州地区的沙洋师范学校，参与一个英语学习的录音项目。肖老师找我谈话，派我前往。完成任务后，我来到汉江岸边的沙洋客运码头，那是我赴矿山途中转乘轮船的地方。望着安澜东去的汉水，我不由想起远处的故乡——我离开那儿已整整两年了！

1973 年，大学招收"工农兵学员"试行改革，除了推荐选拔，还破天荒附加上文化考试。不料发生了"白卷英雄"张铁生事件，极左思潮趁机抬头，邓小平再次受到批判。所幸我们没受太多影响，学习照常进行。

除了专业课之外，学校还为我们开设了中文、政治、体育等课程。吴祥钟老师教我们汉语拼音、现代汉语语法和写作。他将我的习作当作范文在班上朗读，给了我极大的鼓励。我们每天早上出操，下午课外活动跑步、打球，还进行班级之间的篮球和拔河比赛。

学工、学农、学军，是那个时代学校的特色。我们参观城内的一家机械厂，学习工人的先进事迹。由工厂安排，我采访了一位不顾危险、飞身抢救着火电闸的青年工人，写了通讯《青春的闪光》，送给了工厂的宣传科。

学校在县城郊外办了一个农场，栽种各种蔬菜，还有大片的稻田。根据季节的需要，我们不时前往，接受劳动锻炼。农场离学校十多里地，我们徒步前往，风雨无阻。繁忙的学习之余，同学们利用路上和田间劳动的机会，分享从学校到农村的经历，建立了深厚的友谊。

学军，学校用两辆大客车，载着我们全年级近百名学生，到解放军某空军基地参观，接受战备教育。

学校成立了文工团，我参加了其中的小乐队，有机会练习二胡。我们乐队的任务是为独唱和舞蹈伴奏。在艺术老师的指导下，我们排练了《洗衣歌》、《边疆的泉水清又纯》、《老房东查铺》、《白毛女》选段等脍炙人口的曲目。

文工团的首场演出是前往附近的解放军驻地，为上千官兵慰问演出。那是深秋时节的一个傍晚，操场上临时搭起的舞台张灯结彩，大红横幅"军民鱼水情谊深"彰显着"拥军爱民"的文艺主题。我们的演出情真意切，但就艺术而言不尽人意。尽管如此，每个节目完了，官兵们都报以长时间热烈的掌声。

看着台下列队而坐的官兵，我不由想起三年前自己报名参军的情景。如果不是父亲"尚未结论"的政治问题，今天我也应该是这些士兵中的一员了。那次演出留给我青年时代十分美好的回忆。

郑滨耀　著

　　两年的学习一晃就过去了。1974 年元月，同学们拿到了中师毕业文凭。因为我是代培生，擅长书法的数学班刘老师为我填写了一张精美的《结业证书》。带着老师的期望，带着同学的友谊，我告别古城钟祥，回到荆襄磷矿，成为当时职工子弟中学最年轻的外语教师。

主题词汇：

兴趣，外语，学习，历史，机遇，同学，友谊

11. 教中学

杨湾职工子弟中学是荆襄磷矿唯一的完全中学。学校建在磷矿镇以南不远的平原上，周围是肥沃的农田。一栋新落成的教学楼，一楼是初中部，二楼是高中部。教学设施一应俱全，工作和生活都很方便。我想，这里也许就是我永久工作的地方了。

来到外语组办公室，首先欢迎我的是高中部的王德全老师。上个学期我回矿度假，曾观摩王老师的一节课，那时就认识他了。当时他用英语将我介绍为 student teacher（实习教师），此时，他用纯正的普通话，带着外交礼节的手势，热情地对我说："郑老师，欢迎你！"

王德全老师"文革"前夕毕业于北京外国语学院（今北京外国语大学）俄语专业，是周恩来总理倡导举办的外交人员预备班学员。后来中苏交恶，"文革"爆发，他被分配到北京工业大学，用他的第二外语英语作教学。一年前，他跟随做工程师的爱人调来荆襄磷矿。他安之若素的乐观心态、兢兢业业的工作态度，在矿山传为佳话。

我教初中一年级三个班的英语。为了学习提高，我到王老师的高中班听课。他以流利的英语作课堂用语，还让学生对话表演，课堂气氛活跃，秩序井然。那时我只会用"示范—讲解—带读"的教学模式，王老师的课让我耳目一新，茅塞顿开。原来外语课堂还能这么生动有趣呀！

上世纪八十年代中期，我在武汉欣喜地得知，王德全老师已调到荆襄磷矿矿务局机关，任中俄合资项目的专职翻译，他终于有机会用上他的第一外语专业了！

光阴荏苒，1976 年新的学年到来了。职工子弟学校总校

郑滨耀　著

负责人、杨湾中学校长李思奇调到矿务局分管宣传与教育。有消息传来，说李校长要调我去局宣传科。新来的石仁学校长约我谈话，他没提上面调动的传言，却重新安排了我的工作：教两个班的英语，担任其中一个班的班主任，并任外语教研组组长和全校学生活动兼职辅导员。

那几年，每年大学招收单位推荐的"工农兵学员"，荆襄磷矿都有名额。一同招工来矿的朋友中，熊忠义上了昆明工学院（今昆明理工大学）、马松山上了武汉钢铁学院（今武汉科技大学），等等，再次勾起我对大学的美好向往。但我明白，自己已被送出学习两年，还是带薪学习的，俗话说，好事不能让一个人给全占了呀！于是我不敢奢望学校还会推荐我上大学，我只有自学提高了。

当班主任，体验了学生工作的艰辛，有失误的教训，也有收获的喜悦。

1976 年深秋，学校周围的稻田已经收割，北面连接矿区的山峦，茂盛的草莽已经翻黄。一天下午，夕阳西下，我还在外语组办公室忙着，班上的男生许平匆匆跑来报告：有人在路边玩火，点燃了山上的野草！我问："火还在烧吗？"许平上气不接下气地回答："没有，被我们扑灭了！"我松了一口气，表扬了他，庆幸火已被扑灭，就把这事搁到脑后了。

万万没有想到，那火种死灰复燃。连绵起伏的山地杂草丛生，一条人们踩踏出来的小径从学校所在的平原向北，通往刘冲矿区，许平的家就在那儿。如果复燃的暗火变为明火蔓延，不远处就是工人生活区，还有矿井、厂房、配电站等设施，后果将不堪设想。所幸许平又经过那儿，并有其他学生路过，他们一起在地上打滚，奋力将火完全扑灭。

第二天早晨消息传到学校，石仁学校长召开全校教师紧急会议，通报这一事件，"对郑滨耀老师不负责任的态度予以公开批评，希望大家引以为戒！"

那是我参加工作后第一次受上司批评，而且是责任事故，公开严厉批评。我没作任何解释，也没有勇气主动发言作自我检讨。会场沉寂了许久，没有其他领导讲话，也没有同事口诛笔伐。我曾多次被评为"先进工作者"，还是全校学生活动兼职辅导员，出了这么大的山火隐患，我却没有立即前往查看处置，我能说什么呢？我惭愧、自责，几乎无地自容！我感谢平时看似调皮的许平同学，他带领伙伴扑灭了山火，避免了矿山一场灾难！

那是一次沉痛的教训。从那以后，我更加感悟到教师作为学生们的领导所负的责任，并学会了警觉，学会了遇事要想到可能发生的最糟糕的事情。

十多年前，我上晚间的研究生课（美国大学研究生课大都排在晚上）。一位坐在后排的男生（在职教师）趴在桌上睡着了，旁边的同学推他叫他他都不醒。我停止上课，力图判断：是疲劳熟睡，还是晕厥？想到在中国教中学时遇到的山火事件，我当即决定：当晕厥对待。我问：谁能帮忙给校园急救部门打个电话，请他们速来关照这位同学？话音未落，好几个学生举手。于是我指派两名学生出去打电话，布置其他学生安静阅读，等待救护车的到来。

当救援人员带着担架来到教室，那位学生苏醒了。他说他两天没合眼睡觉了，真对不起！虽然是虚惊一场，那位同学和全班学生都很感动，并将此事写入到课评之中。年终工作评审时我与系主任面谈[1]，她特意提到："你关心学生，认真负责，我们感谢你！"我也觉得，我成长了、进步了！

---

[1] 年终评审（Annual Review）是美国大学普遍采用的教师管理制度。教师用统一的格式详细总结一年的教学、科研和服务，再与系主任面谈，签署书面评审，并确定来年的工作任务。这个年终评审是晋级（包括终身教职）和提薪的重要依据。

郑滨耀　著

　　本书不是自传、不是小说，不能包揽我的全部经历，山火事件是书稿成型后加写的。因为是纪实的回忆，我想我还是应该就自己的过失做个交代。我不是一个完美无瑕的人，我的经历包括犯错和失误。

　　如果说 1976 年是我人生的多事之秋，即将来临的 1977 年带给我全新的希望。

　　那年初秋，学校的女子体操队由体育教师刘志勇带领，到县城封闭式训练，将代表钟祥县参加荆州地区的中学生运动会。我班上的周红是体操队队员之一。

　　九月的一个上午，县体委的张老师打来电话。听声音，是一位充满朝气的女教练：“郑老师呀，您的学生周红和刘老师闹了别扭，谁的话都不听，说要回家。您看，我们这就要参加地区的比赛了。请您来一趟，帮忙救救火吧！”石仁学校长是部队政工干部出身，他当即决定，让我立马前往，并吩咐：“刘老师的工作我做，周红的工作你做。工作做得通就好，做不通就带她回来。”

　　带着使命，我赶上了当天开往钟祥的班车。从师范学校回来后这条路我还没再走过呢。沿途的山水风光和丰收的景象，我无暇欣赏，脑子里就一个问号：这工作怎么做啊？想起家访时她妈妈曾告诉我：周红从小喜欢运动，还爱跳舞。我联想起自己上初中时的爱好与兴趣，觉得希望有了！

　　周红抹着眼泪，好像有天大的委屈。原来是训练中刘老师当众批评了她，她接受不了。 我问她：“我本来在小学教数学，你想不想听听我怎么会来中学教你们的英语？”她点了点头。于是我讲起自学英语、上师范学校的经历。我说：“你也很棒呀，你喜欢运动、喜欢舞蹈，而且不错，所以才进了体操队，同学们都羡慕你呢！”见她露出了笑容，我说：“刘老师、张老师、还有我，我们都希望你高高兴兴地继续训练、参加比赛。如果你一定不想留下来，也可以和我一起回去。不过，以后你想回体操队就难了。"她突然明白了什么，高兴地说："我不回去了！"

后来我在美国从事师范教育，时常回忆起这些难忘的经历，并与学生们分享。总体上讲，青少年是纯朴的。他们有困惑时，能在教师的引导下，通过思维和认知获得顿悟，这就是教育的美妙和意义。

完成了使命，我来到钟祥师范学校拜访当年的老师。两位英语老师都被借调去了武汉，为武钢合资项目作资料翻译。教中文的吴祥钟老师已调任钟祥县委宣传部长，听说他家住钟祥一中校园内。我来到一中，见到了吴老师和在那儿任教的师母。晚餐席间，吴老师向我透露了一条来自内部的惊人消息：国家马上恢复高考！吴老师还说："你们这届学生都可以报名。"

这是一个振奋人心的消息，但当我第一次听到它，如雷贯耳，却没有拥抱它的勇气。在我看来，上大学应该是高中毕业生中的佼佼者，而我初中还没读完，中师的两年不足以弥补高中的缺失，即便报考，考取无望。于是我竭力说服自己：不要痴心妄想了，恢复高考与我无缘啊！

幸好后来发布的新闻和招生简章给了我鼓舞，让我对即将来临的高考增加了信心。

主题词汇：

教学观摩，学生工作，失误与教训，青少年发展，顿悟，尊师，机遇与选择

郑滨耀　著

12. 1977 年高考

1977 年 10 月 21 日中午，我端着饭盒从学校食堂出来，磷矿广播站正转播中央人民广播电台的重要新闻，大意是："为适应四个现代化建设对于人才的迫切需要，全国普通高等学校即将恢复招生考试。今年的考试将于 12 月举行，具体考试日期和招生简章将由各省、自治区和直辖市在近期发布。"

当天的各大报纸都在头版头条显著位置刊登了这一重大消息，紧接着湖北省的招生简章也在报上发布了：1966 年以来的历届初高中毕业生、中等专业学校毕业生、以及具有同等学历的青年，年龄在二十五周岁以内（"老三届"毕业生年龄可以适当放宽），身体健康，经所在单位同意，均可报考。

百川归海，这一消息引起了全社会的沸腾。恢复高考是邓小平主导的"改革开放"第一举措，就像春雷响彻中华大地，它宣告：中国终于走出"文革"，从此走向未来！

我 1968 年初中毕业，1974 年中师结业，年龄刚刚二十五岁，身体健康，符合报考条件。根据湖北省的招生简章，我重新评估了考取的可能性：报考外语类专业，英语、中文、政治、史地为主考科目，数学为参考科目。有师范学校两年的学习，我的英语和中文基础应该可以；时事政治和历史地理可以抢记；数学本是强项，但学得太少，好在数学考分只作参考，无碍大局。于是我没有犹豫，决定报名！

从拿到准考证到考试，只有一个多月了。我为五门考试拟定了复习内容，规划了每周的学习任务，并着手收集资料。听说我报考，汪福宝、钱正英、肖茂凡几位老师分别送来数学、史地、政治等书籍和学习材料，说如果有问题就问他们。

我的教学和班主任工作照常进行。考试前一周，石仁学校长在教师会议上宣布："参加高考的几位老师，从现在起一切工作由同教研室的其他老师分担，直至考试结束。"

本文初稿发到大学同学群里后，不少同学分享当年的经历。有位同学在高考的前一天还在知青农场出工劳动呢。看来，我还算是幸运的了。

考场设在不远的磷矿镇中学，步行不到半小时。12 月 6 日（星期二）开考，上午先考中文。第一部分是汉语拼音、词汇、语法、修辞。默写一首古典诗词，我写了唐代诗人王之涣的《登鹳雀楼》：

白日依山尽，黄河入海流。欲穷千里目，更上一层楼。

语文考试第二部分是命题作文《学雷锋的故事》。这个题目很容易被误解为对于雷锋故事的学习感想，所幸我没"跑题"。做学生活动辅导员，我有学雷锋做好事的一手资料，记得是这样开头："清晨，当一轮朝阳从地平线上冉冉升起，四周的田野还十分宁静，一群学雷锋小组的同学们就已活跃在校园里了。"

那年的考分不向考生公开。上大学后我借讨论运动会宣传报导的时机，斗胆问年级指导员张华忠老师："我的中文考了多少分？"他随口回答："85 分。"

首场考试感觉还好，为接下来的科目增加了信心。当天下午考政治，第二天考数学和历史、地理，第三天上午加考外语。

在我经历的许多次考试中，唯有 1977 年中国的高考不只是考试，而是名副其实的人生拼搏。其他的考试大多按部就班，唯有这次考试是背水一战，尤其是最后的外语考试——我的专业科目。

那年的高考，湖北省不要求其他专业考生考外语，因此外语试卷主要为外语专业考生设计。如预料之中，打开试卷：题

郑滨耀　著

型多，容量大，看似简单，但极易出错。如果把人比作机器，此时所有仪表闪亮，一切功能待用，每一根敏感神经都紧绷，每一个记忆细胞都不能懈怠，一切为着准确、完整、快速、还要优美！

如果考试可以把人考累，那场外语考试真让我有点累了！就像那年夏天参加校园 5000 米长跑比赛一样，最后的几圈已筋疲力竭，在学生们"加油加油"的呼声中还得坚持，还要加速、冲刺，那状态就只差倒下！

那是一个物资匮乏的年代，也是一个纪律严明而激情绽放的年代。社会关注的是考试本身，没有后勤服务，考场没有供暖设施。那天早晨起了大雾，我冒着冬天的寒气来到考场。如后来的评论家所说：1977 年的 12 月，中国没有冬天，因为关闭了十一年的高考考场重新敞开大门，考生们用激情和渴望驱散了寒冬。

三天的考试梦幻般结束了。若能如愿，迎接我的大学是什么样子？一切都像雾霭深处的景色，缭绕着神秘的面纱。

高中部物理教师何德恭老师参加了荆州考区的阅卷，回来后向学校领导报告了一个暂时保密的消息，之后不久石仁学校长将这信息转告了我："郑滨耀老师的英语单科考分是荆州地区第二名。"

对于这一信息，我没太在意，之后也很少提及，因为我知道，比我学得更好的有很多。果然，上大学后发现，班上和年级里高手、学霸大有人在，每个同学都那么聪颖勤奋，每个人都有一个参加高考的动人故事。

主题词汇：

中国历史，高考，改革开放，机遇与选择，自信，个人目标，支持，友谊

13. 大学之路

1978 年春节后不久，湖北省招办来了通知：我的高考总分分别达到外语类和文科类第一批录取院校的分数线。就是说，如果按文科计分，将数学作主考科目，英语作参考科目，我也上线了。通知书说，我可以选报三所学校的外语或者文科任何专业。

学什么呢？学英语，当教师或者翻译？还是学中文，当记者或做外国文学研究？纠结了一阵子，还是选定英语语言文学，填报的学校是：北京外国语学院（今北京外国语大学）、武汉大学、华中师范学院（今华中师范大学）。

武汉考区的同学都经历了外语面试，我没有。取而代之的是湖北省招办的一封信，问是否接受志愿以外的录取和招办的协调，我选择了"同意"和"服从分配"。

进入三月，和我同时报考的几位老师先后收到了录取通知书。焦急的等待中，一天夜里我做了一个梦。我独自站在敞篷汽车上，迎着凛冽的风，穿行在蜿蜒起伏的山路上，远处是隐隐约约的森林。终于，车子在一处平地上停下来，周围是一堆堆整齐的木材，我发现，自己怎么是遍体鳞伤？醒来后琢磨，这梦也许在告诉我：我来到了聚集栋梁之才的地方，我应该考上了，只是一路走来已遍体鳞伤。

1978 年 3 月 5 日上午，阳光灿烂，春意盎然，杨湾职工子弟中学全体师生在学校操场上举行"学雷锋报告会"。我作为学生活动辅导员，正在会上发言。平日里磷矿镇邮局的邮递员都是下午前来送信、送报刊，挂的是大邮箱。那天他身背小挂包，骑着摩托车飞驰而来，直奔会场，交给石校长一封信，并要他签字。

待我发言完毕，石校长示意会议暂停。他拿着那封信走到

郑滨耀　著

麦克风前：“老师和同学们，报告大家一个好消息：我们的郑滨耀老师参加了此次高考，被录取到华中师范学院外语系英语专业！”顿时会场一片欢腾。石校长交给我那封信，和我握手，高兴地说：“郑老师，祝贺你！”

虽然不是第一志愿北京外国语学院，也不是第二志愿武汉大学，我一样地激动、一样地高兴，因为在湖北人特别是教师的心中，“华师”也是令人向往的知识殿堂。

通知书要求新生于 3 月 15 日或之前赴校报到，学校立即安排了我的工作交接。李思奇、石仁学、薛家俊几位领导要我去家中做客、为我饯行。财务科的余会计告诉我，已为我办好了工资福利手续。按国家规定，我大学期间工资照发，将按录取通知书上的地址寄给我（当时是每月 40.5 元，后来调整为 43.5 元）。体操队的周红同学和班长一起，买来了钢笔、日记本等物品，赠送给我作为纪念。

告别了杨湾中学，一个让我体验了教师的责任，也让我增长了知识、锤炼了意志的职场；告别了荆襄磷矿，一个让我感受了工人的荣耀与艰辛，并送我走上发展之路的第二故乡，我取道钟祥和天门，踏上了梦寐以求的大学之路。

主题词汇：

机遇与选择，职场，支持，大学，展望

14. 在桂子山

在汉江之滨的老家，我只待了一天。来不及向家乡的领导和乡亲们告别，更没想到像现在考上大学的年轻人一样操办庆典，第二天，3月15日清晨，我带着还算囵囵的行装，赴校报到，哥哥将我一路送到汉江对岸的仙桃。中午时分，我登上了从仙桃开往武汉的长途汽车。

两个多小时的车程格外清新。公路两边的树木已经返青，绿色的枝叶在微风中摇曳。远处的平原和丘陵，像一幅幅美丽的画卷，展开着、变幻着。我望着窗外，多少年来曾经的遗憾、迷茫、还有忧伤，都不再萦绕，铺展在眼前的是一条宽阔而全新的路。

下午，当汽车鸣着喇叭，缓缓驶入武昌长途客运总站，前来迎新的华中师范学院外语系的同学，拉着印有校名和 "热烈欢迎新同学"的大红横幅，还有一辆红蓝相间的大巴校车，已在那儿等候了。

华中师范学院校园绿树成荫、桂花飘香，并以"桂子山"为地标而闻名。在那儿，我和外语系七七级的一百二十多位同学朝夕相处，度过了四年难忘的大学时光。我编在 7702 班，第一位老师是张惠珍老师。不久，通过专业考试，我进了新组建的年级快班 7705 班。我们先在李维光、廖文渊、黄中强、马喜新、方水清等老师的指导下学习英语语言，高年级时在唐长荫教授、李定坤教授、以及来自美国和新西兰的专家指导下学习英美文学和翻译。老师们教学严谨，对我们关怀备至，令我难忘。

郑滨耀　著

华中师大外语系 7705 班师生合影（1981 年秋）

1982 年春，我毕业留校，分配到外语系工作，并在武汉成家。

1985 年，华中师范学院更名为华中师范大学，邓小平在百忙中欣然题写校名。我作为青年教师，亲历了那个百废待兴、充满激情和希望的年代。那年我获得英语讲师职称。

1986 年，我在教学的同时，在备考英语专业硕士研究生。每天，我用自行车接送女儿上幼儿园，听她讲班里有趣的故事，享受无比的天伦之乐。

那年九月的一天，系里请一位美国专家为青年教师上文学课，我用英文提了个问题。坐在旁边的是刚从美国回来、曾任驻美使馆教育秘书的外事处新任处长杨亲德老师。只见他扭过头来，微笑着朝我看了一眼。几天后，学校分管外事的王秋来副校长找我谈话。就像在荆襄磷矿时动员我去学校教书的陈建矿长一样，王校长高兴地说："我们知道你在准备考研，但现在学校外事处急需一名英语专业教师，我们想调你去那儿工作一段时间，是借调，只三年。三年后送你出国留学，读研和出国一步到位。你看如何？"

当时，外语系的青年教师对外事工作大多不感兴趣，有的还说那是"为人作嫁衣裳"。可是，我没有多想，愉快地接受了调动。

接待美国耶鲁大学访问团（1987 年夏）

（前右三：杨亲德处长，前右：作者）

一个人的成长与发展，会经历许多地方、许多领导和同事，但特别关键和难忘的也许不多。在华中师大外事处工作的三年，无疑影响了我的一生。我不仅能将英文付于实践，还有机会接触到许多部门，上至国家教委（教育部）、湖北省外办、

郑滨耀　著

学校的校长办公室，下至学校的汽车队、电传室、专家楼；对于校内的行政处室和专业系所，也有直接的联系和了解。接待外宾、参与会谈，让我开阔了视野，丰富了知识，还了解到基本的外事礼仪。

工作中的所见所闻，特别是接待来自世界各地的教育代表团和知名人士，让我对教育学产生了浓厚的兴趣。我决定放弃多年喜爱的英文专业，改学教育理论与实践。

特别难忘的是为老校长、著名历史学家章开沅先生做外事接待与会谈口译。章校长儒雅温和，讲话条理清晰、思想深邃，既敏捷又显轻松，坚持原则还略带幽默。在他身边工作，如同跟随着一位难得的导师。

若干年后，我回母校看望章开沅校长。他高兴地回忆起八十年代访问美国、建立校际交流项目的情景，并称赞随行的外事处花海燕（和我同时留校的同学）"很厉害"。他话锋一转，指着我微笑着说："你也很厉害！"很多年过去了，老校长的话一直激励着我克服困难、不断进取。

我和杨亲德处长同在一间办公室，在他的指导下负责国际交流项目。为章校长和杨处长起草对外英文信函和电文，是我日常工作的重要内容。

心理学认为，对于某人成绩的认可是他继续努力的动力。那时，我只想把工作做好，却意外地收获了这种认可。美国东密西根大学的美籍华裔教授刘杰元先生来访，私下告诉杨处长：他们和中国的多所高校有交流往来，来自华中师大的英文信件写得最好。杨处长向章校长报告了这一信息，回头对我说："小郑，这些信件都是你写的呀！"

1988 年秋，学校教务处通知我：来年秋季派我赴美留学。我有两个选择：一是去耶鲁大学（Yale University）做访问学者，为期一年，不需任何考试；二是去孟菲斯大学（University of Memphis）读学位，需考托福和 GRE，并需获得孟菲斯大学研究生院的录取。带着自信，我选择了后者。

那年冬天，我参加了国家教委在武汉大学举办的公派留学人员短期培训班，并在那儿通过了托福和 GRE 考试。随后不久，孟菲斯大学研究生院发来了录取通知书，国家教委给我寄来"攻读博士学位，为期四年"的批文。

机遇与选择（Opportunities and Choices）是决定一个人成长与发展的重要因素。如果说考大学是我多年的梦想，出国留学则是我不曾奢望的。如果没有接受到外事处工作的调动，我大概不会想到出国。机会可遇而不可求，但是选择则是可以自己把握的。因此我告诫年轻的朋友：珍惜机会、务实选择，走适合自己的路。

主题词汇：

大学生活，机遇与选择，领导风范，国际视野，实践锻炼，专业方向

郑滨耀　著

美 国 篇

Memories of America

郑滨耀　著

第四章

留　学

上大学是我儿时就有的梦想，而出国留学则是我不曾奢望的。为了探寻教育科学的奥秘，为了教好大学，我离开祖国，离别亲人，来到了大洋彼岸。

郑滨耀　著

15. 来到孟菲斯

1989 年 9 月 10 日，晴空万里，我在北京首都国际机场与太太和女儿告别，踏上了赴美留学的行程。出国学习令人兴奋，也让我惆怅——这一去不知什么时候才能回来。

抵达旧金山，大学的老同学、中国驻旧金山总领馆教育领事张金顺在机场迎接。在总领馆安排的旅店住了一个晚上，第二天下午，我来到位于美国中南部密西西比河畔的孟菲斯。导师亨利·卓海伦博士（Dr. Henry Zurhellen）将我从机场接到孟菲斯大学留学生宿舍。

卓海伦博士是教育评估学教授，德国后裔，一位总是面带微笑的老师。一年前，他作为孟菲斯大学的交流专家，到华中师范大学讲学。那时我在学校外事处工作，我们常有机会见面，还一起前往湖北咸宁市观赏世界自然遗产兰竹林，成了忘年之交的朋友。

由于 1989 年春夏之交的天安门风波，所有出国留学人员的护照、签证都被延误了。孟菲斯大学八月中旬开学，我的签证直到九月初才办下来。好在卓海伦博士不仅担任我硕士阶段的导师，还为我办好了所有的入学手续。

导师给我一张打印的表格，是他为我制定的课表。他环视室内，指着右边周围挂着照片的单人床说，"你的室友据说是一位台湾来的年轻人，也是硕士研究生。"在华中师大时是我为卓海伦博士作生活安排，没想到现在是他为我操劳了。

送走导师，桌上一张中文字条映入眼帘："郑同学：知道你今天来，但我要上课去了，祝你一切顺利！室友　游四方。"接机的导师是已经熟悉的专家，室友是友善的台湾青年，这让我对未来的留学生活踏实了许多。

此时是孟菲斯的傍晚，北京时间的凌晨，时差和疲劳让我头晕目眩。但我明白，学校早就开学了，而且导师为我选定的课程今晚就有！于是我顾不得一切，提上书包，找到教育学院的教学楼，去听我的第一堂必修课"教育统计学"——一门我浑然陌生的课程。

第二天，我到咨询、教育心理学与研究系报到，面见系主任波耶博士（Dr. Boyer）。按照校际交流协议，我应为孟菲斯大学每周工作二十小时，作为奖学金来源，于是我询问对我的工作安排。波耶博士首先欢迎我的到来，接着认真地说："在你人生地不熟，而且因故迟到的情况下立即要你工作，那看似照章办事，但是对你不公平。所以，这学期你的工作就免了，你先跟上课程，下学期开始工作不迟。"

在美国，种族歧视、社会公平，是经常引发争议的话题。回顾我的留学生涯和之后的经历，也许是我幸运吧，遇到的多是友善，还有对中国文化的兴趣，很少感受到明显的歧视。系主任的特殊关照，让我对在美学习增加了信心。

作为全日制研究生，我每学期修三门课，第一学期上的都是必修课，其中"教育统计学"是许多同学都认为很难的课程。班上二十来人，组成若干学习小组，以协同攻关。我初来乍到，在那些数据、公式、图表面前两眼茫然，绝对是任何小组的累赘。没想到，当老师介绍我，问哪个小组缺人（不如说是哪个组愿意接收）时，在我面前的一个小组立即举手，欢迎我加入。

我们小组原有三人。Michael（化名）是一位白人男生，初中英语教师，他问我学习上有什么困难，后来私下里还向我谈起不久前遭遇离婚的痛苦。Lucenda 和 Terry 都是金发碧眼的小学教师。我们讨论方差的应用，这是我读初中和备考 GRE 时都学过的数学知识，能说出一二，居然对小组学习也有贡献。

到校后的第二周就是"教育统计学"的第一次单元考试，我靠常识和猜蒙，得了 58 分。Michael，Lucenda 和 Terry 都为我着急，纷纷找出第一单元的课堂笔记，帮我补习。我对他们说：别担心，我会赶上来的！我终究没有辜负他们，第二次考试我得了 84 分，期末考试得了 96 分，是班上的高分之一。按我后来执教一贯的评分做法，根据这样稳定的进步，最后的总评应为 A，可惜任教的老教授以三次考试的总分定论，给我的成绩还是 B，使我做全 A 学生的目标一开始就功亏一篑。

硕士毕业后，我接着读博士学位，三位好同学都回到原来的教学岗位工作。两年后，Lucenda 和她的新婚丈夫一起，请我们一家人到一家典雅的南方风味餐厅相聚，重温在"教育统计学"班上一起学习的情景。

谁说只有中文里才有"同学"？在孟菲斯大学，我认识了许多热情友好的同学——他们称为朋友。他们的真诚和友谊令我永远珍惜！

主题词汇：

留学，导师，适应，同学，友谊，教育研究，合作学习

郑滨耀　著

16.　茶的思念

　　我来美一年之后，太太携女儿前来，我们一家人在密西西比河畔的孟菲斯团聚。

　　在导师亨利·卓海伦博士的指导下，我于 1991 年 5 月顺利完成规定课程，获得教育基本理论——教育的文化基础（Cultural Foundations of Education）硕士学位。接着，我再考 GRE，直接进入博士学位项目。

　　博士阶段的导师是知名心理学家戴安·霍更博士（Dr. Dianne Horgan）。她建议我将专业方向定为教育心理学，职业目标指向大学教育心理学、多元文化、国际教育、教育研究方法方面的教学。

　　进入项目才一年，由于学习和工作的压力大，我失眠了。同时，就像小时候在湖南姑妈家一样，特别想家——思念故乡、思念母亲、思念学习和工作过的地方。时逢华中师大王庆生校长率团访美，给我带来茶叶。就着清香的绿茶，我奇迹般地消除了失眠，并以散文诉说衷肠：

茶的思念[1]

　　茶有助于消除失眠，似乎有些离奇，却是我切身的体会。

　　失眠后我养成了这样的习惯：早餐后的第一件事是泡茶。拿一个装过三明治奶酪的瓶子当茶杯，冲好茶，自去看书。待到茶叶绽开，茶温适宜之时，饮上几口清香的热茶，顿觉头脑清新，浑身舒展，好似进入了一个全新的精神状态。

---

[1] 原载《人民日报》（海外版）1992 年 2 月 26 日第 2 版"留学生之页"。

　　如果说头遍茶有提神的魔力，那二遍、乃至三遍茶则既提神，且味道更香、更纯。忙一阵子喝几口茶，令人轻松不少。到了晚上（晚上不宜饮茶），茶兴退去，精神松弛，忙碌了一天的大脑就恬然入睡了。

　　茶使我消除了失眠，还带给我无限的遐思。

　　我生长在棉乡湖北天门，儿时的记忆中有深秋时节雪白的棉海，还有春天里翻滚的麦浪，却没见过茶园。最近从报上读到，天门市旨在弘扬中华文化，筹办"陆羽国际文化节"的消息，方知在一千多年以前，那方山水就曾养育出葱郁的茶林，并产生了陆羽这位率先为茶文化著书立说的唐代英杰。故乡人民缅怀先贤，决心在那片古老的热土上培育出一代名茶，以发掘茶圣故里的潜力，促进经济文化的繁荣，让我欣喜万分。

　　现在每每端起茶杯，我不禁想起那哺育了我童年的鱼米之乡，想着当我回到故乡的怀抱，饮上一杯家乡的新茶，那该是何等的幸福！

　　茶带给我许多饮茶的美好回忆。我想起，同事、朋友们相聚，少不了奉茶。出差办事，接待的同志热情地说："请喝茶！"一杯清茶，除了自身挚热的奉献，还具有那般亲切的内涵。

　　品着那四溢飘香的热茶，我仿佛回到了日夜思念的故乡，回到了祖国亲人的中间。

主题词汇：

茶文化，故乡情怀，学习压力，勤奋

郑滨耀　著

17. 难忘导师

　　教育心理学研究的领域十分广泛：知识的内在结构和学科之间的联系、人在不同年龄阶段的认知过程和特点、学习和构建知识的各种方式、整体施教和个别辅导的有效途径、各学科和特殊群体独特的教学方法、学习动机、新时代的信息特征、以及技术在教学中的应用，等等。理论如果脱离实践就是纸上谈兵，于是，教学经历是攻读这一专业方向的研究生弥足珍贵的基础。

　　导师戴安·霍更博士深谙这一领域的发展方向，为我设计了以学习理论为主，兼容人的发展、多元文化、教育研究、教学艺术等相互交融的课程模块。对于各门课的学期论文、课堂演讲等作业，她鼓励我结合过去和现在的教学实践（当时我在外语系教中文），并适时利用自己熟知的中国文化元素。

　　霍更博士讲授的"学习理论"课涉及大脑的认知过程。研究表明，人的左脑主要承担逻辑思维（如解数学题），右脑主要用于形象思维（如绘画构思）。在一次课堂演讲中，我以"日"、"月"、"山"、"林"等象形字为例，解析汉字的画面感与内涵，说明中文的独特之处包括它的艺术属性。正是这种属性，悄悄地启动了我们的右脑。

　　在这个演讲中，我还赏析了 Coca Cola 的中文译名"可口可乐"。我说：这是我在中国读英文专业时最喜欢的外来语翻译。其中，"口"和"乐"是象形字。译名不仅忠实原文的发音，还给你心神并茂的视听冲击——当你看到或者听到"可口可乐"，这饮料适合于你的"口"和"乐"，你就是不渴也挡不住它的诱惑呀！欢声笑语中，大家对我这个来自中国的同学平添了几分亲近。

进入项目的第二年，霍更博士建议我早点思考博士论文选题。还是那个思路：取自己熟悉、与中国相关、有意义、而且新颖的选题。最后，我确定：《中美传统与文化的异同：两国小学四年级语文课本中所含价值观比较研究》。

选择小学四年级语文课本作为研究素材原因有二：一是低年级教材以识字为主，文化价值观呈现不多，而中学语文又侧重文学并带有较浓的政治色彩。其次，当时我女儿刚上小学四年级，她带回家的英语课本是全美推荐的获奖教材《银的秘密》（*Silver Secret*），我很喜欢。

于是，我到女儿所在的孟菲斯大学附小和其他学校听课、观摩，了解语文教师对于文化价值观的教学，并与孩子们座谈，听他们对故事和其中"好人""坏人"的各种评论。

接着，在阔别近六年之后，我首次回国探亲，并为论文作现场研究。华中师大校长、文学家王庆生先生亲笔为我写了介绍信，我得到了华中师大附小的全力配合与支持。返美前我没能完成计划中的所有事项，学校外事处高卓献处长即与教育学院协商，由刘华山教授安排他的研究生陈志霞（现为华中科技大学社会学教授），替我完成问卷与资料收集的煞尾工作。毕业论文现场研究和资料收集的过程，成了我深入中美课堂、感受当代两国教育发展的极好机会。

我的论文使用了定量分析与质性现场研究的综合研究方法，发现：中美两国其实有许多共同的价值观和理念，如：诚实、勤奋、助人、责任、尊重他人，等等。有趣的是两国不同甚至迥异的理念，如中国故事教育儿童谦虚谨慎（故事《陶罐和铁罐》），而美国故事则鼓励儿童独立和勇敢；中国课文强调做事认真和遵守纪律，美国教材却蕴藏更多的童趣与快乐。

我的论文获得了指导委员会的一致通过。斯蒂芬·罗斯博士（Dr. Stephen Ross）著有《教育研究方法》通用教材，被认为是"门槛高、把关严"的教授，也是我的指导委员会成员之一。他在肯定了我的论文之后，在评语最后还加了一句："This is one of the real good ones." ——这是真正优秀的论文之一。

霍更教授（右二）庆贺作者博士毕业（1996 年 12 月）

1999 年是我在美国从事师范教育的第二年。这年春天，我的毕业论文被"美国教育研究协会"（AERA）的年会接受发表。但几乎同时，我收到"美国师范教育家协会"（ATE）年会就另一研究的演讲邀请。为了我两不误，在终身教职评审时多一项科研成果，导师戴安·霍更博士专程出席 AERA 年会，代表我宣读了那篇由她指导的"中美传统与文化比较研究"博士论文。

还有多位让我难忘、令我永远感恩的孟菲斯大学的导师，其中有杰瑞·波恩博士（Dr. Jerry Boone）。

"世界高教史"、"比较高等教育"、"大学教学法"都是让我走上美国大学讲坛的重要课程。选修这些课不仅是我的学业和发展的需要，还因为教这些课的，是我在来美前就认识的知名专家波恩博士。

波恩博士原在田纳西州高教厅任职，后来担任孟菲斯大学副校长和教授。1986 年秋，他作为交流专家到华中师范大学讲学。那时我刚调到学校外事处，有幸聆听他关于高教管理的系列讲座。

记得有一次，演讲完毕他请大家提问。一位男士问："您在美国和在中国工作觉得最难的是什么？"

他回答："在美国做学校的行政管理，最难的是不能让每个人都高兴、都满意。不管你做什么样的决定，都会得罪一批人。在中国——最难的是分辨你们每个人，我总记不住谁是谁，因为你们长得都一样！"

一位女青年提了一个难回答的问题："如果一个年轻女性和她的男上司发生了两性关系，学校会怎么处理？"

波恩博士回答说："首先会派专门小组调查。处理的结果多为：立即解聘那个惹事的女人。"引来会场一片笑声。

由于工作关系，那时我有许多机会与波恩博士相处，他还学会了用中文叫我"小郑"，我们成了跨文化、忘年交的朋友。

波恩博士请了几位嘉宾，为"比较高等教育"班介绍世界各地的高教模式：俄罗斯模式、德国模式、中东模式、中国模式。最后的中国高教专场快到时间了，同学们四处张望，问"嘉宾在哪儿？"波恩博士走上讲台，微笑着说："我们今天学习中国高等教育，主讲嘉宾是我访问中国时认识的朋友，也是你们身边的同学（fellow student），一位亲历了中国高等教育的青年学者——Mr. Zheng！"

在选修"世界高教史"时我已临近毕业。波恩博士和我讨

郑滨耀　著

论这门课的论文选题。他提出，我不需按课程要求写英文论文，而最好用中文写一篇有关中美教育的文章，在学术会议或者期刊上发表，构思好之后口头与他分享，毕业后发表就行。

我决定写美国师范教育改革的发展趋势，他很高兴，并立即介绍我采访教育学院分管师范生实习的欣迪·蕾斯博士（Dr. Cindy Chance）。不久，我的第一篇中文学术论文《美国师范教育的最新发展》写成，毕业离校后于1998年春在华盛顿"美中教育论坛"上发表。在此基础上，我进一步研究了美国"教师危机"的由来，于是就有了本书下一章提到的《美国中小学教师危机及其对中国师范教育改革的启示》一文。

优秀的、能改变学生命运的研究生导师，是那些不仅学识渊博，而且为学生未来的发展铺路架桥的设计师。波恩博士和卓海伦博士、霍更博士一样，都是指导我学习、为我继续发展铺路架桥的恩师。

主题词汇：

博士生导师，指导，职业发展，中美教育交流，汉字特征，中美文化异同

18. "二胡"声声道乡音

我的学习得到了太太的理解和支持。她作为陪读带着女儿来美，一边自学英语，同时全日制工作，保证了我的学业圆满完成。1996 年 12 月我博士毕业，导师戴安·霍更博士为我联系了之后春季学期在教育学院的临时教员工作。

自从来到孟菲斯大学，我每年夏天在田纳西州长学校国际研究分校[1] 教中文班，这是美国培养高才生的高中生夏令营。1997 年夏天是我为这个夏令营最后教课，因为我已获得正式教职，就要离开孟菲斯了。

当时正值香港回归祖国之际，孟菲斯市的华人举办了盛大的文艺晚会。我第一次登台独奏，并发表了下面的散文，留下那段历史珍贵的回忆：

"二胡"声声道乡音[2]

我从小酷爱胡琴。六十年代上初中时，音乐老师让我进校乐队学习二胡。尔后当工人、上师范学校、教中学，都在宣传队里拉二胡。可惜 1977 年上大学以后就没再拉琴。一是学习忙，无暇顾及；二是水平低，不敢暴露，从此与二胡断了缘分。来美学习几年，却思念起二胡来。于是 1994 年冬天第一次回国之前，我计划要带回一把二胡。

在上海民族乐器一厂门市部，几位营业员听说我买二胡是带到国外的，都很高兴。一位老师傅仔细帮我试琴，并挑了

---

[1] 田纳西州长学校是优秀高中生夏令营，设文学、数学、科学、国际研究等分校，每年暑期在固定的大学校园举办。学生个人申请，学校推荐，一切免费。美国大多数州都办有类似的夏令营，它是美国培养各类顶尖人才的方式之一。

[2] 原载《人民日报》（海外版）1997 年 8 月 6 日第 3 版"海外学子"专页。

郑滨耀　著

好几个琴码，说这够用几年的，那热情至今让我难忘。在虹桥机场上飞机，我的随身行李已经超件了，又多了这把二胡拎在手上，为此心里忐忑不安。没想到工作人员看我提着乐器，二话没说就放行了。后来在美国转机，我也提着这宝贝二胡，一路通行无阻。我下决心，这二胡真得拣起来，以不负这些热心人。

半年之后的夏天，我在田纳西州长学校国际研究分校教中文。这是州教育部门为优秀高中生开办的暑期学校。在中国晚餐舞会上，我决定把二胡介绍给美国师生们。我拉了《北风吹》、《在那桃花盛开的地方》、《山村变了样》。我很激动，但拉得不太理想，音准、节奏、揉弦都比从前逊色。可我发现，那些平时活蹦乱跳不同肤色的中学生们，此刻听得那么入神，每一曲终了都一个劲地鼓掌，还发出"沃沃"的欢呼声。接下来有人问这乐器的名称、结构和历史，说两根弦怎么会奏出如此动听的音乐。

经过一段时间的练习，我总算拣起了二胡，而且我会拉二胡的消息在孟菲斯华人中不胫而走。于是中文学校要我为孩子们讲解并演奏二胡；1997 年春节华人联欢晚会组织民乐合奏，也要我参加。我们临时凑起来的小乐队有一台扬琴、三把二胡和一管横笛。大家对排练和演出都很投入，合奏的《黄水谣》、《彩云追月》和《在那桃花盛开的地方》，给密西西比河畔的中美观众送上节日的欢乐，受到了热烈的欢迎。

1997 年 6 月，在香港回归祖国之际，孟菲斯市有一场由访美学者、湖南师大声乐教师张湘英和湖南师大钢琴教师郭凌主演的音乐晚会。会前组织者给我打电话，请我出两个二胡独奏节目。我很犹豫，我说，"这是国内专业演员的音乐会，我是个业余爱好者，怕会影响整体水平。"可组织者说，"我们请来的都是专业水平！"盛情难却，我报上节目《花儿与少年》和《牧羊曲》。

　　过去演出时，我参加的都是伴奏与合奏，拉得不好，甚至出点差错也不碍大事。这次可不一样了，而且观众的期待甚高，我深感责任重大。于是我抓紧时间练琴，不料惊动了公寓的邻居。来自上海的一对青年夫妇过来，我连忙说，"对不起，打扰大家了！"可他们乐滋滋的，说好久没听到二胡的声音了，要听听我拉琴。过后我想了许久：这些远离祖国的游子，思乡之情都一样啊！

　　那场演出隆重而且精彩。主演张湘英独唱的《玛依拉》、《我爱你塞北的雪》、《月亮颂》、《乘着歌声的翅膀》等中外歌曲，歌声甜美，高亢悠扬。郭凌的钢琴独奏《夕阳箫鼓》、汤晓华的扬琴独奏《春江花月夜》，更给晚会增加了喜庆的气氛。

参加孟菲斯华人1997年春节联欢晚会演出

郑滨耀　著

　　我的二胡独奏排在晚会中间。当我坐定，高兴地环视台下，发现观众席上不仅有中国人，还有美国人，大家投来的都是兴奋而且期待的目光。也许是由于激动，拉《花儿与少年》感觉心跳很快，节奏把握不佳，可台下仍报以热烈的掌声。接着拉《牧羊曲》，我努力使自己平静下来，演奏趋于自然。曲毕，观众反映热烈，主持人示意加演，我献上刘天华先生的名曲《良宵》。

　　晚会结束后，我遇到几位素不相识的老乡。他们如同久别的朋友，和我拉起了家常。他们有刚来美国的访问学者和留学生，有学成就业的科技人员，还有来美探亲的老人。从他们的赞扬声中，我感受到海外华人对民族音乐热切的依恋之情。最令我激动的是一位学者的话，他不只一遍地说："感谢你们弘扬了中华文化！"我为自己能用这小小的二胡，为同胞送上一缕乡音，为美国人民了解中国文化出一点力而万分高兴。

　　不久我将去美国东南部佐治亚州的一所大学任教，二胡将伴我远行。它会带给我快乐，并为我一解乡愁。

主题词汇：

民族音乐，中华文化，乡情，留学生，在美华人

第五章

教大学

毕业之后，我留在美国继续教书——从事师范教育。于是我有了新的目标：帮助立志从教的师范生具备教师的素质；帮助青少年快乐学习、健康成长；为中美教育交流尽力，做中美友好合作的桥梁。

郑滨耀　著

19.　应聘——感受教授治校

　　在我读博临近毕业时，华中师范大学教育学院孙绵涛院长来信，欢迎我回校任教，说学校会好好安排。当我决定留在美国，学校捎来信息：尊重我的选择，希望我仍能以其他方式为学校服务。我决定申请公立大学师范教育终身教职，心想这样可在美国继续发展，也能与母校及国内其他学校对口交流。

　　美国大学教师招聘依托本国、面向全球。我于 1996 年 12 月获孟菲斯大学教育心理学与研究博士学位，在这之前，于 1995 年秋提前开始查寻信息，尝试应聘。那次我申请了十几所学校，收到了俄克拉荷马州和阿拉巴马州两所大学的面试邀请，但最终未果。我深知美国大学一职难求，但相信，凭自己的经历和专长，还有双语和亚洲文化背景，一定能够获得一席之地。不少学校的招聘广告欢迎少数族裔人士申请，也给我增加了信心。

　　1996 年秋季，我开始第二轮的求职申请，给二十多所公立大学的教育学院发送了资料，其中介绍了我在中国的学习和工作，还有在孟菲斯大学和田纳西州长学校国际研究分校教中文的经历。我的学历、所学专业、还有教学经历，都符合招聘岗位的要求。

　　深秋时节，宾夕法尼亚西彭斯堡大学（Shippensburg University）首先发来了面试邀请。在哈里斯堡（Harrisburg）接机的是招聘委员会主席、一位中年白人女教授和她的丈夫。汽车由 I-81 高速公路自北南下，之后往西进入西彭斯堡人烟稀少的丘陵地带。驰目远眺，道路两旁的农田、还有时起时伏广阔的牧场，就像圣诞贺卡上的风景画。

　　第二天是一整天的面试活动：研究演讲、招聘委员会座谈、参观校园、系主任面谈，最后是教育学院院长面谈。进餐都有招聘委员会成员和其他教师陪同，交谈话题都与教育有关。

郑滨耀　著

第三天上午，还是那位招聘委员会主席送我去机场所在的哈里斯堡，这次是她一人前往。她为我安顿好旅馆后，与我拥抱告别。她真诚而稍显难过的表情似乎在告诉我：我们再相见的可能性似乎不大。

果不其然，当我收到了下一所学校的聘书时，西彭斯堡大学还了无音讯。显然，我不是那个职位的最佳人选。虽然我与那所学校最终无缘，但那儿的同行热情的接待，还有宾夕法尼亚宁静的旷野，给我留下了美好的回忆。

这世界真小，在西彭斯堡大学听我演讲的有一位华裔教授、来自华东师大的包秋博士。时隔一年后，我在华盛顿参加美中教育论坛，她是会议的组织者之一。随后，她主编《世界教育发展趋势与中国教育改革》，将我在会上发表的论文收入其中。那本书于 1998 年由人民教育出版社推出，据说对当时中国教育改革起到了积极的作用，包括我提出的提高教师整体学历标准的建议。

从宾州回到孟菲斯，我收到了佐治亚州肯尼索州立大学（Kennesaw State University）的面试邀请。这是一所年轻、正在发展的综合大学，所在的亚特兰大是 1996 年夏季奥运会主办地。就地理位置和学校的发展前景而言，这儿是我十分向往的地方。

孟菲斯和亚特兰大在相同的纬度上，飞机向东飞行，一个多小时就到了。亚特兰大国际机场是迄今世界上规模最大、最繁忙的机场，前来接机的是招聘委员会成员、中学教育系帕梅·科尔博士（Dr. Pam Cole），她带着上小学的儿子前来。我们穿过高楼林立的亚特兰大市中心，科尔博士指着右边的火炬台告诉我："那就是去年奥运会的主会场。"

从几次应聘和之后参与招聘并担任招聘委员会主席的经历，我领略到美国大学教师招聘是一个十分严谨而且专业的过程，也是"教授治校"的杰作。招聘委员会由五名左右教授组成，先从几十甚至上百名申请者中筛选出十人左右做电话交谈，委员会成员轮番向候选人提问，从中选出二至四人来校园面试（新冠疫情期间在网上面试）。最后由招聘委员会书面推荐，院长确定人选及其年薪，并发出聘书（Offer）。

前几次的面试虽然无果而终，但我感受到各地对我这个东方面孔的热情与真诚。这时我已进入不惑之年，但在美国大学教师队伍中，我还是年轻人。

肯尼索州立大学的面试安排与其他学校相似，但多了两个环节。研究演讲后增加了与学生交谈，并让学生填写意见表。与我面谈的系主任安·史密斯博士（Dr. Ann Smith）来自孟菲斯大学教育学院，与我似乎一见如故。谈话结束后，她说时间还早，可以熟悉一下周围的环境。她开车，带我看了校园边上的几处公寓，接着还看了附近的住宅社区。她介绍说，肯尼索房源充足，我到来后可先住公寓，然后买房。她期待我们不久会在校园再次相见。

两周之后，我收到俄亥俄州克利夫兰州立大学的面试邀请，立即确定了面试日程，预定了往来的机票。就在这时，肯尼索州立大学寄来了由教育学院院长 Dr. Debra Wallace 签发的聘书，欢迎我加入该校的师范教育教师队伍。按理，我可以等待可能更多的机会，至少再等等西彭斯堡大学的决定，在允许的时间内作出选择。面对肯尼索州立大学的果断决定，我没有犹豫，接受了这个职位，并取消了克利夫兰州立大学的面试安排。

几乎同时，北加州的一所大学打来电话，问我对他们的招聘是否还有兴趣。当听到我已接受另一学校的 offer，电话那头的女教授不无遗憾地说："That's too bad！"

1997 年 8 月，我作为终身教职系列（Tenure Track）助理教授，来到肯尼索州立大学的中学教育系报到，系里的同事们高兴地回忆起招聘过程中的一些花絮。

初选时，他们发现我具备教育心理学、教育研究方法、多元文化等方面的教学资质，还有大、中、小学教学经历，就基本认定了这个人选。

在我赴校面试之前，他们向几位推荐人作电话咨询。田纳西州长学校国际研究分校负责人、孟菲斯大学社会学教授 Dr. Rex Enock 介绍说："你们很幸运，他不仅是一位好教师，还会唱歌、演奏乐器，他会给你们带来快乐！"招聘委员会随即决定结束遴选，确定这个职位"非你莫属了！"

招聘委员会通常只设一名主席，但我的职位跨学科，设了两名联合主席——Dr. Linda Webb 和 Dr. Kimberly Loomis——她们都来自田纳西州。系主任安·史密斯来自我就读的田纳西孟菲斯大学教育学院。这些也许都是巧合。

美国大学教师招聘严谨专业，不仅因为百里挑一、程序规范，还因为学校对应聘者负责，希望他们真爱这个职位、看好这个地方，能和大家一起愉快工作、顺利发展。虽然不少教师后来会跳槽流动，但"长期合作"是学校和个人共同的初心。

1998 年秋，我来亚特兰大一年之后，第一次在美国购置了物业。这时女儿已在孟菲斯读完初中，和她妈妈一起搬来亚特兰大。我们在家里办了个派对，请教育学院领导和中学教育系的同事前来一聚。我为大家演奏了二胡《良宵》和《美丽的亚美利加》。

人们常用"缘分"来形容人与人之间的和谐与友谊。我很幸运，与肯尼索州立大学和这儿的同事们有这样的不解之缘，以至我在这儿一呆就是二十多年。

系主任安·史密斯博士后来担任了教育学院院长。我于2013 年晋升教授之后，她不止一次建议我申请院一级的领导职务，说会为我推荐。可惜我没有做领导的欲望，也不是那块材料，辜负了她的一片好心。她退休后任职于一所私立大学，请我去为那儿的学生介绍中国的春节并演奏二胡。2020 年春，史密斯博士发来邮件，建议找个机会，向我介绍退休后的福利和返聘选择。后来新冠疫情蔓延，推迟了我们的约会。

家中聚会

　　帕梅·科尔博士于 2021 年春担任肯尼索州立大学副校长，分管本科生教育。在给她致贺的邮件中，我提到她带着儿子到机场接我来校园面试的情景。她在回信中不无感慨地写到："我们在同一时期来到肯尼索，在这里一起成长！"

　　我的招聘委员会成员 Dr. Marjorie Economopoulos 出生于希腊，是艾莫里大学（Emory University）的数学博士，后来担任中学教育系系主任，直至退休。退休前她请全系教员到家中聚会。为表达对这位领导和同事的感激与留念之情，我演唱美国电影《蒂凡尼的早餐》（Breakfast at Tiffany's）主题歌《月亮河》（Moon River）。老系主任站在我面前，两眼噙着泪花，

郑滨耀　著

听我唱完这首歌："月亮河，你多么宽广……无论你流向何方，我与你同往……"

主题词汇：

求职，招聘，教授治校，严谨专业，理想与目标，文化背景，素质，同事，友谊

20. 终身教职与晋级

1997 年 8 月初的一个晴天，我驱车四百余英里，从中南部的孟菲斯来亚特兰大应聘报到。随车携带的有一个上课用手提箱，那是青年数学教师常永彪赠送的礼物。常老师来自南开大学，曾为我上初中的女儿辅导数学。他用解题的不同途径讲解数学的逻辑思维，就像现在中国的网红教师李永乐作科普讲座一样。那个带有密码锁的咖啡色手提箱，寄托着这位朋友对我新的教学生涯美好的祝愿。

那时没有 GPS，我凭借地图估算出到达目的地的时间，通知还不曾谋面的房东——来自河南郑州的年轻人云峰先生。肯尼索州立大学位于 I-75 高速公路佐治亚境内的 271 出口处，我们相约在附近的 Texaco 加油站见面。当夕阳西下，我抵达那个加油站，热情的云峰先生已在那儿等候了。出发前两天，导师戴安·霍更博士和亨利·卓海伦博士为我饯行，送我踏上美国师范教育的路途。

美国大学的"终身教职轨道"（Tenure Track）是一个激励发展的教师系列，但能否成为终身教授，还取决于终身教职评审的结果。于是，对于新入职的教员，前五年必须实现的目标就是晋级并获得终身教职，否则另谋高就。

教育心理学将学习和工作动机分为成就驱动（Achievement Oriented）和操演驱动（Performance Oriented）。前者为事业而努力，后者为好评而表现。我觉得为评审而工作没有意义，而做好了工作则不担心晋级和终身教职。怀着这样的理念，我开展了教学、科研、服务全方位的工作。

万事开头难。作为一个华人，要在美国大学站稳脚跟，除了努力没有捷径。

教学方面，我有英文基础和在孟菲斯大学做临时教员的

郑滨耀　著

经历，一开始就充满自信与激情。第一学期，我教三个本科生班，并指导四名师范实习生。我教的"青少年发展"每班三十人已满员，但还有近二十名学生等待注册。这时系里所有教员的排课已满，系主任安·史密斯博士为之着急。我对她说，我在中国教的都是四十多人的大班，我的班可以接纳更多的学生。校报记者前来采访，"教育学院教授乐于大班教学"在校园传为佳话。

对于教育研究，做学生时我已略有体验。毕业前一年，导师戴安·霍更博士鼓励我以课程论文参加所在地区的教育研究会议。那次，孟菲斯大学教育学院安排了一辆中巴，几位导师带着我们三名博士生，前往南部的新奥尔良参会。我就外语教学中的情景设计做了发言。会后我们游览了新奥尔良延绵的海滩，还到市中心的"法国城"（French Quarter）品尝可口的辣味海鲜（Cajun Seafood）。

有那次参会的经历，当收到东南教育研究协会的会议通知，我结合所教的"多元文化教育"（Multicultural Education）课程，拟定了"文化的异同——中学教师应了解的知识"论文提纲，发给了会议组委会。

1998 年春，美东南教育研究协会年会在亚特兰大举行，我的发言引来三十多位中学教师，就多元文化教育展开热烈的讨论。随后《中学教育》杂志编辑找到我，约我将演讲整理成文送他们发表。文章刊出后不久，肯州大校长 Dr. Betty Siegal 给我发来热情洋溢的邮件，对我结合教学做研究予以肯定和赞赏。

稍后，我收到"1998 华盛顿美中教育论坛"的参会邀请。毕业前，我为"比较高等教育"课程写的关于中美师范教育改革的中文论文，与会议主题吻合，我以那篇论文参会，于是就有了《世界教育发展趋势与中国教育改革》（人民教育出版社，1998）收录的那篇文章。这些作品成为我科研起步的开篇，也被收录到美国教育人才信息库。

　　在教学与研究的同时，我参加了校内各级"教授治校"委员会：系招聘委员会、院教师优秀奖评选委员会、校研究生课程设置与规章委员会、还有校亚洲研究小组等。1999 年秋，我担任中学教育系教育学硕士学位专业委员会主席，那是我承担的第一个服务型领导职务。

　　2000 年，我迎来终身教职三年中期评审。系评审委员会主席来信，在肯定我的教学、研究、服务之后，提出了两条建议：一是缩小研究领域，突出与我的文化背景相关的比较研究，并制定长远的研究规划（Research Agenda）；二是减少校内服务性的参与项目。这些建议极具建设性，字里行间传递着委员会对一名新同事的期待和关爱。

　　那年秋天，我收到一封特别的邀请信——应中国国家教育委员会邀请，由美国教学标准委员会和美国"人民大使项目"（People to People Ambassador Program）[1] 联合组织的美国教育代表团，将于 2001 年访问中国，邀请我作为正式代表参加。我将邀请函转给新任系主任 Dr. Marjorie Economopoulos，很快得到了她的回复："祝贺你入选国家教育代表团访问中国，学校将承担一切费用，这期间你的教学工作系里将另作安排。"

　　2001 年 4 月，来自全美各地的二十多名代表（中小学优秀教师、大学师范教育教师、教育行政领导）在旧金山聚集，作为期三天的访华培训，之后飞往北京。中国国际旅行社做了周密的接待安排。

　　在北京，我们参观四合院，在居民家中午餐，体验中国的民俗文化。接着参观北京琉璃工艺美术厂，游览天安门、故宫和长城。重头戏是在北京师范大学举行的"2001 中美教育论坛"，我做了专题发言，还充当了会议翻译。茶歇时我还见到

---

[1] People to People Ambassador Program （人民大使项目）是美国总统艾森豪威尔（Dwight D. Eisenhower）于 1956 年倡导成立的国际基金组织，旨在通过教育、文化和人文交流活动，增进各国人民之间的了解与友谊。

郑滨耀　著

了前来参会的华中师大外国语学院领导——我读本科时外语系的张维友、陈佑林、舒白梅几位老师。

之后代表团前往南京。我们参观学校和社区，还拜谒了中山陵，参观了南京国民政府总统府、蒋介石作战指挥室和"美龄宫"，并游览了南京夫子庙和长江大桥。这些安排展示了改革开放的中国博大的胸怀。

在南京大学行政楼，我们与当地的高中校长和教师座谈。代表团中一位教师提问："在美国，我们常为家庭贫困的学生着急。他们中的行为表现问题多与家庭的经济状况相关。请问中国的情形如何？"一位重点高中的女校长介绍说："我们没有类似的问题。相反，那些家庭条件差的学生更加珍惜学习机会，他们以优异的成绩和良好的表现，报答父母含辛茹苦的支持。"中美文化差异在教育中的体现，给美国教师留下深刻的印象。

和代表团领队在南京大学

在上海，我们与爱好天文的高中生用英语交谈，观赏黄浦江外滩璀璨的夜景，还欣赏专为我们安排的文艺演出。最后的活动是参观静安寺，那是中国佛教文化的圣殿，一座历经沧桑的古建筑。我跟随进香的人群，在观音大佛前奉上一柱线香。望着袅袅升腾的香云，我默默祈祷：天佑祖国繁荣昌盛，愿中美两国人民和平友好，世代相传！

访问前后一个月。我领略了中国改革开放的巨大成就；中美双方的教育工作者对于合作交流的热切愿望，传递着两国人民之间的友好情谊，也鼓励我为之尽绵薄之力。我是代表团中唯一的华人，也是佐治亚州的唯一代表。总结会议上我问领队："你们是怎样选择了我？"她回答说："是基于你的背景、经历和专长（Background, experience, and expertise）。"

访问圆满结束，有的代表随即返美，有的留下来旅行。这时已是肯州大的暑期，我前往武汉，应华中师大教育学院孙绵涛院长之邀作短期讲学，之后回到江汉平原上的老家天门，看望日夜牵挂着我的母亲和其他久别的亲人。

回到美国，我不必办理任何差旅手续，学校直接为我支付了八千多美元的代表团账单。教育学院副院长 Dr. Beverly Mitchel 高兴地对我说："滨耀，你是今年肯尼索州立大学的明星！"

一年后的 2002 年秋，我任教五年期满，顺利通过评审，由助理教授晋升为副教授，并获得佐治亚州高教系统终身教职。

系主任找我交谈，她向我祝贺，还提出了一个不大不小的文化问题。她微笑着对我说："看了你五年工作的全面总结，我为你高兴，也为你难过！你做了许多有意义的事情，如参与接待来访的中国学者，参加亚特兰大多元文化演出，可你不曾与我们分享这些信息呀，你应该学会推销自己！"

郑滨耀　著

　　系主任的忠告让我反思。我从小接受的是中国儒家文化的熏陶，做好工作但不张扬是我恪守的处世之道。辜鸿铭[1]先生将中华文化描绘为含蓄内向、博大深沉，而美国文化外向直率，甚至张扬。我研究文化差异，崇尚文化交融，看来应该尝试实践了！

　　我在美国教学生涯起步的经历令人难忘，其中也有失误与遗憾。

　　1998 年秋季，我教硕士研究生"论文写作"课。班上有位叫戴维（化名）的学生，期末了还没完成论文，我让他延至第二年春季完成。春季期末，戴维发来作业，却只是提纲。没时间让他完善了，我想我应该按学校的规定把握质量关，给他的成绩为 C。

　　戴维所在系的系主任向我介绍戴维的情况：他是在职中学教师，有学习障碍，"论文写作"是他硕士学位的最后一门课。在这之前他已有两门课成绩为 C，按学校研究生管理规定，多于两个 B 以下成绩的不能毕业、不能获得学位。也就是说，我给他的成绩终止了他的学业。那位系主任是我已熟悉的同事，她没有责备我，还表示支持我坚持原则的做法。可我自责：我怎么没了解戴维的情况呢？怎么没察觉他有学习障碍呢？至今我不能释怀对戴维的愧疚之情，希望他后来还是拿到了学位，还继续着教学生涯。

　　为避免类似情况的发生，后来学校作了两项重要调整：一是教师发布成绩后可经系主任同意更改成绩；二是对于有残障的学生，学校通知任课教师，请教师特别关注。

　　那是我第一次给学生 C 成绩，也是最后一次。后来当遇到差生，我给予重做作业的机会，并个别辅导。对于确实不能

---

[1]　辜鸿铭（1857–1928），中国晚清时期著名学者、翻译家。代表作有《中国的牛津运动》、《中国人的精神》。

完成功课的，给他们"未完成"（Incomplete）临时成绩，待完成后更新。二十多年来，我几乎每年都有这样的特殊安排。不少学生来信，说我让他们在困难中完成了学业，学到了知识。

每学期末，学校让毕业生填写一份问卷，荣誉推荐一位对其影响至深的教授。我多次获此殊荣，有来自成绩优异的学生，也有延时完成学业的学生，我为他们愉快的学习经历而高兴。

主题词汇：

事业，教学、科研、服务、中美友谊，文化差异，失误与反思

郑滨耀　著

21. 中美教育交流

2001 年夏天，肯尼索州立大学教育学院来了位华人院长万毅平博士。万院长带来美中两国官方认可的"美中教育联合会"，他本人担任联合会主席，教育学院前院长安·史密斯博士担任执行委员会主任，我和另一位华人教授欧阳荣华博士担任副主任，分别负责国际学术会议和汉语水平考试，国际教育处的 Dr. Dan Paracka 任联合会顾问。

从 2002 至 2007 年，在美中两国密切合作的氛围中，我作为美中教育联合会学术会议负责人，在本校组织了三届联合会国际学术年会，并受万毅平院长之托，代表联合会在华中师范大学、西南财经政法大学联合筹办国际教育论坛，还创办了会刊《美中教育》。欧阳荣华博士主持的汉语水平考试推动了美国东南地区的汉语教学，取得了丰硕的成果。

联合会还作为肯尼索州立大学与中国国家汉办之间的桥梁，为肯州大孔子学院的建立作了细致的筹备工作。万毅平院长通知我：我作为孔院副院长人选上报了中国国家汉办。后来，随着教育学院领导更迭，美中教育联合会总部迁往佐治亚南方大学（Georgia Southern University），孔院领导班子也没有按原来上报的人选。

参与孔院筹备，我有幸认识了肯尼索州立大学分管国际事务的副校长柏瑞·莫利斯博士（Dr. Berry Morris）。应莫利斯博士之邀，我前往校长楼参加孔院筹备会议，并为他翻译来自中国国家汉办的中文信件和孔子学院总部文件。莫利斯博士是一位国际型学者，曾到清华大学短期学习中文。他运筹帷幄，思维敏捷，果断抉择而不失缜密，而且为人谦和，是我遇到的美国高校杰出的领导人。

　　2009 年春天是一个播种希望的季节，肯尼索州立大学孔子学院成立庆典隆重举行，中国驻休斯顿总领事和佐治亚州州长前来致贺。我作为嘉宾出席，因为典礼中有一个特别节目：肯州大教授郑滨耀赠送中国画《万里长城颂》。

　　那是我在田纳西州长学校国际研究分校教中文班时，一位来自香港的高中生带来的礼物，她说是她爷爷的作品，爷爷要她将这幅画送给教她的老师。画面宽过二米，巍峨的长城蜿蜒于丛山峻岭之中，苍松翠柏间一首遒劲的题诗跃然纸上。主持人请我展示画作并做介绍，我朗诵了题诗的英译后说："这幅画出自中国香港的一位老画家，我珍藏了许多年。今天，我等到了属于它的家！"

在《万里长城颂》画前合影留念
（右起：莫利斯博士，作者，金克华院长）

郑滨耀　著

　　肯州大孔子学院成立后开展了丰富多样的活动。我虽然没有兼任孔院副院长，但作为特聘教员参与，包括为中国教育培训班做系列讲座。浙江农林大学赴美研习班、广西教育管理进修班，就是那时熟悉的。

　　2012 年春，我接到柏瑞·莫利斯博士的电话，说我赠送的那幅《万里长城颂》中国画经过装帧，现在展示在孔院所在的新办公楼大厅里，请我前往看看。在那儿，莫利斯博士和孔院院长金克华与我在画前合影留念。几年后莫利斯博士离开了肯州大，这幅照片成为中美文化教育交流的历史见证，也成为莫利斯博士留给我的珍贵纪念。

　　那年初夏，受肯州大教育学院新任院长 Dr. Arlinda Eaton 委托，我与同事 Dr. TC Chan 一起，代表美方在湖北第二师范学院和上海师范大学联合筹办中美教育论坛，再次感受来自中美两国以及其他国家和地区的教育界同行合作交流的热烈场景。

　　在那前后的二十年中，我多次回国，应邀到华中师大教育科学学院、西南大学民族教育与心理研究中心、湖北第二师范学院、华东师大教育部基础教育与发展研究中心等单位访问讲学，开展合作研究。我有幸结识了活跃在中国教育界杰出的学者陈向明、孙绵涛、范先佐、涂艳国、张诗亚、邵千钧、熊华生、李家成、杜时忠、王培喜、陈志霞等，和他们一起交流教育创新的思想，分享中西文化的碰撞。这期间，我做的"中美教育改革比较研究"获肯尼索州立大学"国际研究奖"。

　　从 2013 年起，我先后到浙江农林大学、山东大学、中国石油大学（华东）、山东英才学院、湖北第二师范学院作"大学教学法"专题讲座和工作坊，探讨大学青年教师的职后培训。我的这些努力受到国内高校的欢迎，并得到肯尼索州立大学的支持。肯州大教育学院授予我"国际教育杰出贡献奖"。

　　我很幸运，经历了中美两国文化教育密切交往的年代，遇上了以国际合作为己任的各级领导。遗憾的是后来两国关系走低，新冠疫情爆发，至本书完稿的 2021 年冬，中美两国在文化教育领域的深度合作已完全中断。肯尼索州立大学孔子学院作为世界十佳孔院之一，也于 2020 年悄然关闭。

然而，参与中美两国教育交流的众多人士，为两国教育的发展、为国际教育合作所做的努力，将在世界教育交流史上留下珍贵的一页。我相信，中美文化教育交流回暖之日，就是两国和平共处、合作共赢新时代的到来！

主题词汇：

教育领导，中美教育交流，国际合作，中国文化与艺术，中美友谊

郑滨耀　著

22.　露天毕业典礼亲历记

2002 年春，女儿完成了在重点高中项目——国际学士项目（International Baccalaureate Program）[1] 的学习，被录取到芝加哥大学商学院。四年后女儿学成毕业，我和她的妈妈欣然前往芝加哥，参加女儿的大学毕业典礼。之后我以散文记叙了那次难忘的旅行。

露天毕业典礼亲历记[2]

当美国南部的亚特兰大已是初夏，北部密西根湖畔的芝加哥却仍春意盎然。2006 年 6 月 10 日，作为传统的礼仪，芝加哥大学春季学期本科生毕业典礼在校园中心露天举行。

如果不是女儿四年前上了芝加哥大学，也许我和许多中国人一样，只知道它是一所研究型名校，对它的办学理念和学术环境知之甚少。女儿作为当年全美优秀高中毕业生，高兴地选择了芝加哥大学。后来我才知道，她明知芝加哥的冬天比纽约还冷，学费比哈佛大学还高，之所以还是选择芝大，是因为她喜欢那儿的学术氛围。这次参加女儿的毕业典礼，我有机会身临其境，聆听它的声音，感受它的魅力。

作为留学生，后来又作为教师，我参加过所在公立大学许多次毕业典礼，分享学子们完成学业的喜悦。每次盛典，要么是在学校租借的会展中心，要么是在校园内的多功能会场。我还见过私立大学小型的室外毕业典礼，但不敢想象芝加哥大学全校的本科生毕业典礼会在露天举行。带着几分新奇几分

---

[1]　国际学士项目（International Baccalaureate Program）是欧美顶尖高校认可的选择性高中项目。

[2]　原载《神州学人》2006 年第 8 期，该刊在刊载时有少许删节。

疑虑，我顾不上从亚特兰大长途开车的疲劳，九号下午一到芝城就要女儿带去熟悉会场。

六月的芝加哥阳光明媚，望不到边的密西根湖如同大海碧波万顷，群群海鸥在水天之间展翅飞翔。湖边的芝加哥大学，古老的欧式建筑鳞次栉比，茂盛的常青藤攀延而上，校园内车来人往，既繁忙又庄严。

毕业典礼将在校园中心的绿茵场举行。几个白色尖顶帐篷一字型摆开，权作主席台，背景是布满常青藤的楼房。会场中央近千把金色折叠椅是为毕业生准备的，周围是家长和来宾席，应有数千座位。女儿说，每个毕业生可为家长和亲友领到六张座位票。临近的草坪上还设了一个分会场，一幅大屏幕已经立好。一切就绪，我翘首期待第二天的盛会。

芝加哥有美丽的内陆海密西根湖，同时也以它寒冷的冬天和多变的天气而闻名。先一天还是晴空万里，十号清晨当我拉开旅馆二楼的窗帘，不禁惊愕万分——下雨了！雨下得不小，似乎下了一夜，满天都是乌云，齐窗的树梢在风雨中摇曳。我很焦急，这隆重的毕业典礼还能如期举行吗？女儿一副从容，就像她以往出城时不紧不慢一样。我问她学校会不会因雨改变计划，她说不会。又问她学校有没有能容纳万人的室内会场，她说没有。看来，这露天的毕业典礼是风雨无阻了。

我们冒雨提前来到学校。果然，毕业典礼将如期露天举行，只是临时打开了靠近的礼堂，并在主席台拉起了大幅投影幕布，请未备雨具的家长和来宾入内观看典礼实况。这样，我们只有通过大屏幕参加女儿的毕业典礼了。古老的礼堂容纳千余人，座无虚席。

上午十点整，大屏幕开始转播毕业典礼现场实况。会议主持人幽默地说，"我们冒雨欢送2006届毕业生，并为天气给家长和来宾带来的不便表示歉意。"首先是毕业生入场式。由芝加哥大学管弦乐队以《欢乐颂》乐曲引领，毕业生们身着深色学位服，手挽一件临时发给的白色薄膜雨衣，意气风发列队入场。

大屏幕展示一个画面：当首批毕业生抵达指定位置，工作人员帮他们将雨衣垫在被雨淋湿的椅子上。雨不停地下着，入场式也因此延长了许久，乐队反复吹奏优美的《欢乐颂》。快乐的音符，带着毕业生和所有关心他们的人的喜悦，洋溢于节日般的芝大校园，回荡在美丽的密西根湖畔。

毕业生入场完毕，接着是为获得本科生教学优秀奖的教授颁奖。其间没有介绍各位教授卓越的成就和不凡的经历，只说他们为本科生教育倾注了心力。和其他名牌大学一样，芝加哥大学的重点是研究生教育和科学研究，教授们的时间和精力大多放在各自的研究上。这些教授关心本科生教育，难能可贵。芝大重视本科生教育，女儿就读的商学院就安排获得诺贝尔奖的资深教授为本科生上课。颁奖后是校长 Dr. Dan Randel 致词，他鼓励毕业生们不要停住求知的脚步，要勇敢地面对挑战，做未来的主人。讲话末，校长要求全体毕业生起立转向来宾席，感恩父母和亲人对自己学业的支持。

身着深色学位服的毕业生全体起立，向后转向来宾席向父母和亲人致敬，来宾席上有的撑着雨伞有的穿着雨衣，顿时报以热烈的掌声。我仿佛看到了队列中的女儿，她也许在说："爸爸妈妈，谢谢你们支持我读完了芝加哥大学！"

美国的大学，每次毕业典礼，学校都会邀请一位有着特殊经历的成功人士作一场精彩而且励志的演讲，以勉励毕业生们继续努力。芝加哥大学的这次毕业典礼概不例外。具有特点的是，芝大这次根据自己的办学理念，请来了因教育改革有功而声名鹊起的纽约市市长 Michael Bloomberg。他以政治家和教育家的视角，分析了美国政坛的种种弊端，鼓励毕业生们在走向社会时加深理解"自由"的含义——发扬学术上的独立思维和创新精神，肩负起时代赋予的重任。我感谢校方的良苦用心，芝大不仅培养了这批学生，还要在他们离校时为他们添上一对腾飞的翅膀。

典礼十分紧凑，接着是三位毕业生代表发言。他们满怀激情，表达对母校的留念和感恩之情。首先发言的是一位男生，他回顾在芝加哥大学四年的学习生活，所讲述的学生中的奇闻轶事引来全场一片欢腾。

接着是一位来自韩国的姑娘发言。她用一口流利的美国英语，讲述四年前她刚到美国时在语言和文化上遇到的障碍。她用两年的时间加紧补习英文，很快融入了校园文化，并按时学成毕业。其实她代表着全体亚裔和其他少数族裔学生，赞扬芝加哥大学和它的多元文化氛围。

最后发言的女生对纽约市长的演讲作了积极的回应。她号召同学们要继续不断努力，学会独立思维，做知识的主人，为人类的进步和发展做出自己的贡献。

典礼的压轴节目是为每个毕业生颁发毕业证书。近千名毕业生列队走过作为主席台的凉棚，老校长和他们一一亲切握手，并授予毕业证书。会场上掌声不断，间或还传来喊着毕业生名字的喝彩。

天公终于作美。在毕业典礼接近尾声时雨停了，太阳钻出了云层，将阳光洒向芝加哥大学欢乐的校园。

回想女儿在美国的成长历程，我对她所就读的学校都充满感激之情。她不满七岁来到美国，从小学到高中，上的都是选择性的重点公立学校。作为一名教育工作者，我认为女儿的成绩不仅来自于她的勤奋，还因为她遇上了许多优秀的老师，还有尊重东方文化的学习环境。美国的公立教育为她打下了良好的知识基础，给了她作为中国人的自信，私立的芝加哥大学则进一步启迪了她的智慧，锤炼了她的意志，并教她如何做人。从芝大寄给家长的资料和女儿的汇报中，我领略到这所百年名校的独特风貌。

　　芝大秉承严谨、朴实的校风，创造出一项项顶尖的研究成果，培养出大批理论与实践并重的各类人才。它要求学生不要单纯追求能说会道，而要具备真才实学。它为经济学专业本科生开设的课程包括"商业道德"（Business Ethics），教给学生商业和金融业的社会责任。它告诫学生不要以天之娇子趾高气扬，而要谦虚谨慎、尊重他人。我很高兴女儿接受到这样良好的教育和熏陶，并作为芝大优秀毕业生被推荐给全美2006优秀毕业生名录。女儿就要离别芝加哥，我想她在学成毕业的喜悦之余不会忘记母校的培育，芝加哥大学将是她和她的同学们永远的激励。

　　毕业典礼结束了，结束在《欢乐颂》的乐曲声中。毕业生们奔向开阔的草坪，寻找自己的亲人和就要分别的熟悉的同学。

参加女儿的大学毕业典礼

学校在会场附近拉起了几顶硕大的凉棚，备下了美酒、点心和水果，款待来自五湖四海的毕业生家长和亲友。平时并不嗜酒的我一连畅饮两杯，庆祝女儿毕业。同时，我衷心祝福芝加哥大学，祝福所有的学生特别是在海外学习和成长的新一代中国学生，愿他们像密西根湖畔展翅飞翔的海鸥一样，接受风雨的洗礼，永不迷航！

从 2006 年到本书完稿的 2021 年，整整十五年过去了。当我回读这篇散文，不由再次回忆女儿的成长过程，特别是她高中阶段的学习过程。那时我作为新教员，整天忙在学校，很少顾家。为女儿落实了选择性的重点高中项目以后，我就没再多为她操心。那些年，女儿的妈妈每天开车十多英里，经由高峰拥堵的环城高速上下班，还要早起为全家人准备早餐和女儿带往学校的午餐。至今，我对她们母女俩艰苦奋斗的经历仍有着沉重的愧疚之情。

主题词汇：

毕业典礼，激励，励志，成就，母校，多元文化，家庭，责任

郑滨耀　著

23.　北大演讲

2015 年 5 月 25 日，应北京大学教育质性研究中心主任、教育与人类发展系系主任、著名学者陈向明教授的邀请，我到北大教育学院做了一场学术报告——《建构主义理论在教学中的应用》（Constructivism and Its Applications in Teaching）。来自北京大学、北京外国语大学、天津大学等学校的近七十位教师和研究生到会，并展开热烈的讨论。我领略了北大浓郁的学术氛围，不经意中，也圆了到北京上大学的美丽梦想。之后，北大教育学院新闻网发表了我的感文：

博学严谨　求实创新
——北京大学学术氛围感怀

我有幸走近北大，感受它浓郁的学术氛围，是受益于中美两国的教育交流。2015 年春，应肯尼索州立大学教育学院和孔子学院的联合邀请，北京大学教育质性研究中心主任、教育与人类发展系系主任、著名学者陈向明教授前来肯尼索州立大学访问讲学。陈教授于 1994 年获哈佛大学教育学博士学位，之后将西方的质性研究方法传播到中国，让它与中国传统文化及国情亲密结合，在中国的教育和人文社科研究领域生根、开花、结果。陈教授此次应邀访美，详细介绍了她和她的团队在中国做质性研究的经验和方法。我有幸多次聆听陈教授的报告，并就学习理论和教师发展等课题进行交谈。

在陈向明教授结束访美之际，我收到北京大学教育学院的邀请，希望我访问北大并做演讲，讲题为我和陈教授讨论过的"建构主义理论在教学中的应用"。我的演讲提纲评介建构主义综合了多家传统理论的精髓，顺应了信息时代学习知识和创新教学的需要。陈教授回信说提纲写得有份量，但部分资料及其界定需要斟酌，并附上详实的修改意见。几天后，她又转来一位正在美国访问的北大教育学院领导的来信，提醒我听众对这个理论可能存在的争议与困惑。陈教授还告诉我，教育学院对这场演讲很重视，已安排专人筹备。我感到责任重大，感受到北大博采众长的胸襟，还有一丝不苟的学术精神。

陈向明教授圆满结束访美讲学（前排左起：陈向明教授，肯州大教育学院院长 Dr. Arlinda Eaton）

北大教育学院为教育研究生院，培养教育学硕士和博士研究生，设有博士后流动站，领军教育科学研究，学术活动丰富。我的演讲安排在 5 月 25 日下午二时。据负责组织的张立平老师介绍，先安排的是一间小教室，后来报名人数增加，换了一间较大的教室，可容纳六十人。

郑滨耀　著

　　接近讲座时间，我在休息室阅读头天《人民日报》关于国际教育信息化的新闻，张老师过来，说教室已坐满了。我带上报纸来到教室，壮观的场面令我感动！我几乎进不去，中间的走道和后面靠墙都加了座位，还有两位年轻人站在门口等待安排。我感受到北大师生寄予的厚望。

　　什么是建构主义？当人类社会进入信息时代，知识更显纷繁，人的交往与合作更加重要，传统的学习理论已不能比较全面地揭示知识的面貌，教育工作者苦于缺乏有效引导学习的理论依据。这时，一个综合了多家学习理论之精髓的结构逐渐形成。它以认知论为基础，融入学习的社会属性和经验的作用，还有对于学习环境影响的分析，为我们探索知识的性质和创新教学途径开拓了广阔的天地，它就是建构主义学习理论。

　　自这一理论形成以来，教育工作者就在尝试如何利用它更加有效地整理、发展和使用知识，如何激发学生的学习动机，促进他们的自主学习和深度学习，以达到最佳的教学效果。今天，我将结合自己在美国长期从事师范教育的经历以及对学习理论和实践从事研究的成果，介绍并评述将建构主义学习理论应用于课堂教学的方式和方法。

　　陈向明教授主持讲座。在大家热情期待的目光中，我手捧《人民日报》，坐到讲台前，以建构主义情景教学法模拟新闻播音切入主题："国际教育信息化大会23日在山东青岛开幕。国家主席习近平发来贺信，强调因应信息技术的发展，推动教育变革和创新……"　我搁下报纸，站起身来："普通话不标准，播音不合格！"掌声伴着欢笑，会场的气氛一下活跃起来。我开始演讲，"我觉得，习主席的贺信也是发给我们的，因为我们今天的讲座也是关于信息化、建构知识、还有创新教学。"大家报以热烈的掌声。

　　我看到，他们中间有年长的学者和中年教师，更多的是朝气蓬勃的年轻人。从大家喜悦的神情和笑声中，我感到我们分享着一种激动，那就是学习的快乐和教育工作者的使命。我首先评介建构主义的理论基础与时代特征，接着用多学科教学案例示范如何用这一理论指导课堂教学：合作型的自主学习、以认知为主体的发现学习、探索学习、因材施教、还有道德教育中的隐形教育法。

思想品德课在中国被大学教师认为是"最难教的课"。为了探讨如何用隐形教育法在这一课堂上就"爱国"这个主题开展讨论，我在课件中植入了声乐视频"祖国，慈祥的母亲"。时逢北京市网络堵塞，链接点不开。有人提议：请老师演唱！凭着从声乐老师那里学的一点美声唱法，我调整了一下情绪开始演唱："谁不爱自己的母亲，用那滚烫的赤子之心……"我接着模拟上课："现在，让我们从文学、音乐、以及演唱风格的角度，来分析这首歌如何抒发真挚的爱国情怀。"

建构主义强调认知与环境的相互作用。艺术作为环境让学生在欣赏和分析中得到启迪，是隐形教育独特的效果。课后，负责组织讲座的张老师告诉我，示范演唱很动人，是讲座的"课眼"之一。我很高兴，建构主义学习理论得到北大学人的认可并产生了共鸣。一个半小时的演讲，听众热情不减。每当新一页课件显示，有不少人举起手机喳喳拍照。

最后的提问交流环节，用后来教育学院的报道语，"把讲座推向了一个新的高潮。"首先提问的是一位当年"最牛"的北大少年班保送生、现在一家国际学校的负责人。他说要对讲座内容提出质疑，认为不受质疑的报告是不完整的。他首先描绘当年历尽千辛上北大的经历，接着提问：许多人上了大学后开始玩游戏，因为厌倦了学习。面对这样的学生建构主义有何作为？我回应他说："以学生为中心，激发学生的学习兴趣，促进学生的主动学习和深度学习，正是建构主义的理想与目标。你其实没有挑战我，却在支持我，非常感谢你！"在大家的欢笑声中，一时紧张的气氛重新活跃起来。

互动持续了半小时，大家争相发言，或分享感受，或提问讨论。所提问题有：存在客观的知识吗？知识到底来自哪里——

郑滨耀　著

——经验论、理念论或两者的结合？什么类型的知识需要教师直接传授，什么类型的知识需要学生自己建构？不同年龄段的学生是否需要不同的建构方式？如何将陈述性知识、程序性知识与情境性知识结合在一个具体的教学活动中？中美具有不同的社会文化传统和现实条件，发端于西方的建构主义理论能够在中国的课堂教学中运用吗？我国学术界有关新课程改革的辩论是否混淆了知识的本体论与认知论的区别？这些问题闪烁着批判与智慧的光芒，也从一个侧面展现了北大学术探讨的浓郁氛围。

接受陈向明教授赠送北大纪念品

北大教育学院新闻网对此作了这样的描绘：热烈的辩论与温暖的分享将讲座变成了一个对话平台，来自不同背景的群体（大学教授、中小学教师、教科研人员、教育管理者、海外学子、教育创业者等）聚集一堂，围绕问题各抒己见，各有自己的背景和经验，各执一面，相互砥砺，最终呈现出一个相对深入完整的面相。如主持人陈向明教授在讲座结尾时的点评："这本身就体现了建构主义学习理论的运用效果。"

讲座由北京大学教育质性研究中心举办，获得北京大学海外学者讲学计划和北京大学教育学院的支持与资助。来自北大校内外的教师、研究生、科研人员、教育管理人员近七十人参加了讲座和讨论。

从后来抄送给我的邮件中，我还了解到讲座背后的花絮。教育质性研究中心安排博士后刘桂秋老师起草新闻稿，她用学术的语言和新闻视野对讲座作了全面的总结和报道。初稿经陈向明教授和学院新闻主编多位老师审定编辑，其中还对我的称谓进行了讨论——既要准确又要符合国内和港澳台的约定俗成。新闻发布之前主编有这样的评语："这是一次气氛热烈、成功的讲座。""这个讲座很有意思，内容很丰富，新闻稿篇幅略长一点没有关系。"

我离别北大，回到了美国，美丽的未名湖和高耸的博雅塔久久留在心中。北大师生的热情与投入激励我继续做中美两国教育交流的桥梁；北大博学严谨、求实创新的学术氛围，让我对祖国教育与科技的振兴更加充满信心。

主题词汇：

学习理论，建构主义，理论与实践，文化与教育，中美教育交流，质疑，创新

郑滨耀　著

24. 凯思琳·文森特博士和她的特教情结

2021 年 5 月 10 日，肯尼索州立大学传来标志新冠疫情好转的消息：肯州大研究生毕业典礼于当晚在露天体育场隆重举行。代理校长 Dr. Kat Schwaig 在致辞中说，这是一次特殊的典礼，疫情还在继续，我们露天举行盛会；参加典礼的不仅有本学期毕业的研究生，还有自 2019 年秋季以来的历届毕业生。

环体育场的阶梯形看台上立起了醒目的座位区号，欢快而来的毕业生家长和亲友们按指定区域就座。宽阔的草坪上，数千折叠椅以六英尺间距[1] 整齐摆开，前几排是导师席位，后面是各学院的毕业生方阵，五颜六色的学位服代表不同的学科和学位，蔚为壮观。由于防疫，会场座位有限，博士生导师只有论文指导委员会主席获得邀请。我是博士生凯思琳·文森特（Katherine Vincent）的主要导师，有幸参加这次特殊的盛会。

凯思琳出生于知识之家，父亲丹尼斯·金布罗博士（Dr. Dennis Kimbro）是克拉克亚特兰大大学教授、著名非裔学者和教育家。凯思琳从小受到良好的教育，在斯博尔曼学院（Spelman College）读了经济学之后，她选择从教，到佐治亚大学攻读特殊教育硕士学位。接着她到林肯纪念大学（Lincoln Memorial University）学习课程与教学，获教育学专家学位（Educational Specialist Degree）[2]，成为亚特兰大地区稀缺的

---

[1] 新冠疫情期间，社交距离保持 6 英尺，是美国和西方国家采用的防疫措施。

[2] 教育学专家学位（Educational Specialist Degree）是美国当代高等教育中新设立的学位，介于硕士和博士之间，受到许多在职教师的青睐。

高学历特殊教育教师。她觉得还有许多领域需要学习深造，于是攻读教育学博士学位成了她新的梦想。

美国特殊教育服务的群体包括有残障疾病、需要接受住院治疗的儿童。这些儿童出院后不能立即上学，需在家中继续康复。美国法律赋予他们享受特殊教育的权利，由特殊教育教师到家中一对一上课，"上门教育"（Homebound Education）由此产生。

对教师而言，这是十分专业而且困难的教学过程，因为学生大多处于药物作用下和不安的情绪中，他们期盼却又害怕回到学校。凯思琳的论文选题探讨在这个特殊的"上门教育"阶段，教师如何实施过渡期的干预计划，帮助学生顺利回归课堂，并取得学业上的进步。题目为："Hospital Home-Bound Education: Are Teachers Prepared to Implement Transition Plans Post-Hospitalization for Student Success?"

这是一个冷僻的选题，凯思琳对之情有独钟，始于她本科毕业后改学特殊教育。她在毕业论文的导言中写道：她的家族中有残障病例，曾一年中三分之一的时间在医院度过。她从事特殊教育，接触过许多在疾病的缠绕中刻苦学习的学生。对于那些孩子，高中甚或初中毕业，是他们的梦想和追求。凯思琳目睹亲人和学生不能享受正常的学习和发展，一种沉重的责任感油然而生。她要钻研残障起因、病理机制、干预措施、还有学校和家庭的合作模式，为残障学生的成长和进步寻找路径。

我认识凯思琳，是在 2018 年夏季学期的"深层学习研究"（Advanced Study of Learning）课堂上。她用最新学习理论分析特殊教育中的难题，探讨教学创新，给我留下了深刻印象。那年年末，她给我发来邮件，说她即将进入论文阶段，请我做她的指导委员会主席，我欣然同意。

第二年春季一开学，我就为凯思琳组建委员会，邀请特殊教育系瑞尼斯·琼-西格尔博士（Dr. Raynice Jean-Sigur）和本系同事比琳达·艾德华兹博士（Dr. Belinda Edwards）加入，组成了一个跨学科的论文指导委员会。接着，我根据凯思琳的学位课程和论文设想，为她拟定综合考试试题。凯思琳用两个月的时间准备，以优异答卷通过了博士候选人综合考试，获准撰写论文开题报告。

在美国做教育研究，特别是像博士论文这样的正式研究，但凡以人作为研究对象，都要提交详细缜密的申请报告，由大学和所在郡县的研究预审机构（Institutional Review Board, 即IRB）审查批准，以确保研究对象在心理、精神、隐私等方面不受或少受伤害。凯思琳做的是残障儿童康复教育质性个案研究（Qualitative Case Study），研究对象是残障学生和特殊教育教师，需要接受严格的预审。我们仔细讨论了研究方法和操作过程，申请报告几经完善，最终获得IRB批准。

2020 年新年伊始，正当凯思琳的现场调查和与教师、学生的访谈就要开始时，新冠疫情在美国蔓延，佐治亚州大中小学关闭，规划中的活动无法开展。她已准备那个学期收集资料，第二年春季毕业，这些都将面临挑战。电话里我问她：能否推迟毕业？她说不能。我们讨论了网上观摩和电话访谈的替代途径，重新规划了研究进程。

凯思琳有一个上小学的儿子，自己还承担着全日制教学工作（此时转为网上教学）。不敢想象她是如何全力以赴，在疫情中通过线上和电话，如期完成了研究所需的资料收集，并于暑期开始资料分析和写作。每次我给她提出下一步工作建议和期限，她总能按时甚至提前发来成果，不时还有超越预期的惊喜。

在家庭和学区的支持下，凯思琳克服疫情影响，论文写作稳步推进。她将成文的章节分阶段送我阅读，我们电话讨论，修改完善。2021 年年初，她发来洋洋洒洒一百多页的全文，核心部分的资料分析与结论文字带图表，立论有据，结论明确，还有对疫情下特殊教育背景的描绘，整体质量超出我的预期。

我让她将格式稍作调整，随即将其论文作为初稿转送指导委员会审阅。委员会两位同事一致认为：这是一篇佳作，为残障儿童康复过渡期的教育提供了新的信息和思路；同时，她们对初稿提出了宝贵的补充和完善意见。

评价美国教育，中国学界有一个共识：越往高走，美国体系越显示出优势。博士论文集体指导，利用了跨学科教育资源，提高了学术门槛，保证了学位质量。凯思琳无疑也从中获益。她请我做她的指导委员会主席，除了我是她熟悉的老师，还因为我的专业是教育心理学和教育研究方法，她需要这方面的指导和把关。此外，西格尔博士是特殊教育专家，艾德华兹博士素谙美国医疗和社会服务体系，都为凯思琳论文的设计和写作提供了不可或缺的指导和支持。

对心怀鸿鹄之志的人，上帝有时候也关照不及。凯思琳定于 4 月 1 日作论文答辩，这是春季毕业的答辩期限。在这之前两个星期，凯思琳的母亲因病去世了。凯思琳曾谈起她的母亲——她生命中最重要的人，母亲曾希望亲眼看到她博士毕业。我和委员会的同事商量，提出为她申请延期答辩。她说不要麻烦学校，她能如期答辩。

答辩前一天，凯思琳给我打来电话：她刚参加完母亲的葬礼，她很难受，不知道即将来临的论文答辩能否应付，说着说着就泣不成声了。我安慰她："你是一个好女儿，也是一位好教师、好学生，你一定能通过答辩！当你学成毕业，你在天堂的母亲会为你高兴。"我还告诉她："我在写一本关于中美教育的书，想写一篇关于你的章节，正想征得你的同意呢。"电话那头的凯思琳恢复了平静，言语中表现出难得的自信，"郑博士，谢谢你，我一定做好答辩！"

2021 年 4 月 1 日下午，凯思琳的博士论文答辩在 ZOOM 平台线上进行。她已在一个月前按我的建议精心制作了演讲课件，会前我只提醒她掌握时间、突出重点、回答问题直接明了。我对她说：Everything will be all right!

郑滨耀　著

　　答辩开始。凯思琳在痛失母亲的悲伤中调整了情绪，就像一位具有强大心理支撑的艺术家，在经受不幸的同时仍能微笑着走上舞台。借助课件，凯思琳先介绍论文选题的理论框架和现实需要，接着报告研究过程和结果。

　　她的发现包括：残障儿童的病理机制和心理特征、医院—家庭—学校过渡节点对儿童心理和行为的影响、还有特殊教育教师的干预理念与职业诉求。对于医疗机构和教育系统在这个服务链上的缺失和弊端，凯思琳的报告与分析鞭辟入里，并提出了残障儿童康复与学业并行不悖的过渡模式（Transitional Model）。接下来，她从容地回答了委员会对于研究结果和分析论证的质疑。

　　肯尼索州立大学采用美国高校通用的指导委员会一票否决制，委员会中若有一人投票否决，论文将不能通过。按照程序，我请凯思琳下线休息，等候委员会的评审结果。这是一篇具有实践意义的研究报告，答辩也很圆满，我没有理由为她担心。果然，委员会一致通过了她的论文和答辩，并建议论文在学术期刊和全国会议上发表。

　　我请凯思琳回到会场，宣布委员会的评审决定，ZOOM平台一片欢腾！我们祝贺她，感谢她为论文付出的艰辛。凯思琳热泪盈眶，感谢各位导师的指导和帮助。她的父亲金布罗教授步入荧屏，感谢肯尼索州立大学和论文指导委员会对爱女的培养。我们分享着无比的激动和喜悦，感谢这个家庭培养出一名出色的教育学博士。

　　几天之后，凯思琳冒着疫情风险，来到仍处于关闭状态的校园，为指导委员会的每位导师送来一份定制冠名的精美礼物。她在论文的前言中将这个三人委员会誉为她的"梦之队"（My Dream Team），她要表达对他们的感激之情。

　　打开礼品袋，里面有一块金色木质牌匾、一只精装圆珠笔、还有一张她亲笔书写的卡片。牌匾上的文字是："郑博士：谢谢你在我不相信自己能力的时候给了我信任。感谢你的指导和支持。"笔盒上镌刻着："一位真正伟大的导师难以找到，也不可能忘记。郑博士：谢谢你的支持和指导。凯思琳 2021"

接着，学校发来邮件，邀请我出席 5 月 10 日的研究生毕业典礼，并为凯思琳佩戴学位垂布[1]。凯思琳听说我会出席她的毕业典礼，格外高兴。

典礼上，博士生和导师分别在舞台两侧按序等候。当扬声器里传来主持人的声音："凯思琳·文森特，教育学博士，主要导师郑滨耀博士"，凯思琳高兴地走上舞台，从校长手中接过学位证书，并与列队祝贺的其他领导握手。由于防疫需要，导师为学生佩戴学位垂布的环节临时略去了，改为请导师在舞台出口迎接学生，并由摄影师拍摄合照。那是每位毕业生终身难忘的时刻，也为所有关心他们的人带来无比的快乐。会场掌声和欢呼声不断，让疫情中的肯尼索充满节日般的喜庆气氛。

当毕业典礼接近尾声时，凯思琳给我发来短信：她的父亲、丈夫、儿子、还有两个姐姐，此刻都在会场，希望见我一面，并告诉我他们在第 124 座位区。

在沸腾的人群中我找到了他们一家人。我们都摘下口罩，握手、拥抱，互致祝贺，并合影留念。这是一个幸福温馨的家庭，一个对美国教育承担着责任的家庭。我为认识这个家庭感到荣幸，并分享了他们的成就与欢乐。

时隔半年，在本书书稿"杀青"之际，为充实和核准文中内容，也了解凯思琳毕业后的工作情况，我给她发去短信，提出想电话采访她。

---

[1] 博士服有三部分：长袍、博士帽、学位垂布。按照传统，新博士右手挽着学位垂布从右侧走上舞台，首先由主要导师在其身后将学位垂布从头颈佩戴到背后，并将代表学位的彩色垂布翻起，让它向后展开。然后，身着完整学位服的新博士走向舞台中央，接受校长授予学位证书。

郑滨耀　著

与凯思琳一家在研究生毕业典礼上

2021 年 11 月的一个周末，我们相约通话。

凯思琳兴高采烈，就像联系上一位久别的亲人。我问她现在工作如何，她告诉我，毕业后她离开了教学一线，现在是亚特兰大市特殊教育行为专家（Behavioral Specialist），指导残障学生的行为规范教育，在市教育局上班，很忙碌。我问："他们应该给你加薪了吧？"她笑着说："没有，亚特兰大市不如科布县，原来在科布县当特教教师的工资还高些呢。"

在美国特殊教育教师队伍中，凯思琳是一位既年轻充满朝气，又有扎实专业知识和娴熟教学技能的领军人物。她专业着装，说话面带微笑，眼神里溢满谦逊与真诚，很有亲和力，在残障学生面前一定是一位倍受欢迎的老师。现在她作为亚特兰大市的特殊教育专家，用自己的专长和爱心指导残障学生的行为规范教育，责任重大。我祝愿她工作顺利、愉快！

我们谈起她的家庭背景，她高兴地讲到她的祖父——非裔美国人的首位男大学生，开创了美国教育的先河。他的父亲不仅是学者、教授，还是著名的演说家，近年在美国各地巡回演讲，呼吁非裔重视教育，著有《思维与成长正确的路》（Think and Grow Right）和《非裔美国人成功的日常动力》（Daily Motivations for African American Success）等畅销书。她思念母亲，一位勤劳的知识女性，母亲是她成长过程中的力量源泉。

关于改行从教，她披露了更多的细节。在斯博尔曼学院读经济学本科期间，她为所修的副科"国际商贸"到中国访学，在北京做了两个月见习，还参观了上海。凭这些经历，毕业时她得到美国主要商业银行JP摩根银行（JP Morgan Bank）的聘用。这时，与她同辈的一位亲人因残障疾病住院，给她极大的震动，她毅然放弃新的工作和优厚的待遇，立志从事特殊教育。

我向她简要介绍了本书的结构和这篇文章的内容，问她：你同意我将这篇文章收录到书中吗？她说完全同意，并希望读者阅读愉快，通过这些故事了解她和她的家庭，还有美国教育的方方面面。

凯思琳·文森特博士是我指导过的学生中既心存高远，又脚踏实地的教师。她有一个教育之梦，要为残障儿童的康复和进步贡献智慧和力量。为了这个梦想她不畏艰难，在长满荆棘的路上一步一个脚印，朝着希望的曙光前行。

主题词汇：

理想，目标，责任，勤奋，特殊教育，康复干预，美国教育，论文指导，合作

郑滨耀　著

第六章

社团活动

伴随我大学之路的还有社团活动参与。同乡会带给我乡情，文艺社团圆我的音乐梦，还让我的教学和社会活动略带个性和文化色彩。

郑滨耀　著

奥运壮行 Rio2016 梦想成真
CELEBRATION AND FUNDRAISING FESTIVITIES FOR YIJUN FENG

25. 乡情[1]

春光明媚，鸟语花香。2014 年 4 月 10 日下午，一百余位湖北乡亲聚首亚特兰大北郊风景如画的平克尼维尔公园，共享迷人春光，畅叙浓浓乡情。

此次聚会，又有不少新的湖北老乡参加。他们多是近年来从外州移居亚城，还有几位是从南卡专程前来。一边是硕大的公园凉棚，乡亲们促膝交谈，品美食、欣赏卡拉 OK，旁边的游乐场上孩子们在荡秋千、滑滑梯，公园里欢声笑语，其乐融融。

游园活动开始，首先是同乡会进行新老会长的接替。刘俐代表湖北同乡会理事会，感谢郭彦文在过去的四年中带领湖北同乡会，在亚城华人的各项活动中所作的巨大努力，说他在同乡会的历任会长中"最年轻，最有朝气，最有才华，服务时间最长"。理事会汇集了四年来湖北同乡会活动的珍贵照片，制成精美的相册，赠送给郭彦文和支持他为同乡会服务的夫人。

新任会长李波高度评价上一届会长和理事会为联系乡情、促进中美合作所取得的成绩。他介绍，在 2012 年为四川地震灾区募捐的活动中，湖北同乡会倾力出动，是亚城地区募款最多的社团之一。近年来，同乡会还精心组织接待了来访的湖北省、武汉市、荆州市等多个代表团，并为湖北电视台录制海外华人为家乡父老拜年的短片，受到好评。他表示将不负众望，和理事会及众多乡亲们一道，把湖北同乡会的活动开展得更好。

---

[1] 原载 2014 年 4 月 16 日美国《神州时报》。原标题：共享迷人春光，畅叙浓浓乡情——湖北同乡踏春游园。

郑滨耀　著

亚特兰大湖北同乡会理事会

　　湖北省位于华中腹地，有闻名的长江三峡和神秘的神农架原始森林，还有辽阔富饶的江汉平原。浩瀚的长江横贯全省，在武汉与它最大的支流汉江相汇。得天独厚的地理条件使湖北自古以来享有"九省通衢"、"鱼米之乡"的美誉。近几年来，湖北和周边省份一道，实施中部崛起的发展战略，建立了以武汉为中心的经济发展圈，美丽的荆楚大地焕发出勃勃生机。

　　新任会长还介绍，湖北省十分重视对外合作，与佐治亚州建立了紧密的经贸合作关系，武汉市和亚特兰大也已结为友好城市。湖北省已有近三十家企业在佐治亚建立了经贸中心，近期还将有上百家湖北企业来佐治亚洽谈合作。湖北省每年的华商会，都有亚特兰大的代表前往参会，新任亚特兰大市市长即将访问武汉。这些往来一方面给湖北乡亲带来乡情，同时也赋予湖北同乡会以中美合作重要桥梁的神圣使命。李波会长希望湖北乡亲们积极参加同乡会的活动，为促进家乡与佐治亚州的合作交流继续努力。

全美华协主席李秀兰女士欣然前来参加今天的游园。她戏称自己是半个湖北老乡，因为去过武汉。她高度赞赏亚特兰大与武汉市结为友好城市，并借游园的机会宣传正在进行的美国人口普查，号召华人积极参加此次普查，积极参与政治。她说，美国的华人越来越多，中国在世界上也越来越重要。华人参政不仅是为了自己，更是为了下一代。

湖北同乡会不少会员还是亚城华人文艺社团的成员，聚会必有文艺表演已成传统。此次的节目由琵琶演奏家沈丽玲精心组织。卸任会长郭彦文以一曲抒情男高音《卓玛》答谢乡亲们对他工作的支持。理事姚华明演唱的《好汉歌》，蔓延着湖北人走南闯北的壮志情怀。亚特兰大东方之声合唱团的成员和从南卡远道而来的湖北乡亲还演唱了《但愿人长久》、《寂寞沙洲冷》、《草原上升起不落的太阳》、《祖国，慈祥的母亲》等歌曲，受到大家的欢迎。

和其他兄弟社团一样，湖北同乡会十分重视下一代的培养。这次的游园演出也有孩子们出色的才艺展示。上高一的颜心怡来自上海，去过武汉。她聪明伶俐，活泼可爱，是专业古筝教师何宜的学生。今天她是由从事越剧艺术的妈妈带来参加聚会，并演奏了优美动听的古筝曲《浏阳河》。接着是被称为"冯氏姊妹花"的两位小朋友的小提琴二重奏。她们都在上初中，不仅学业优异，小提琴演奏也已有相当功底。她们演奏的小提琴名曲《协奏曲 D 大调》和 "Erstes Quartett" 让风景秀丽的公园更加春意盎然。

祖籍湖北仙桃的王锡嘏先生携书法《但愿人长久，千里共婵娟》前来参会。王先生遒劲的行书不仅诠释了北宋诗人苏东坡的博爱，也表达了海外华人思念乡亲的深情。年逾八旬的袁齐贤老先生祖籍湖北公安，不久前从台湾来美。他用风趣的故事，讲述两岸关系解冻初期他首次回湖北探亲的经历，赞叹家乡巨大的发展变化。袁老先生高兴地接受邀请，成为湖北同乡会的资深顾问。

郑滨耀　著

聚会结束时夜幕已经降临，还有许多乡亲在亲切交谈。大家期待着下次活动再见。

主题词汇：

社区生活，在美华人，乡情，多元文化，文化传承，中美合作

26. 国乐寄深情

亚特兰大位于美国东南部，华人社区不断发展，文化活动日益丰富，华人中也不乏专业艺术人士。早在 2006 年，我作为"美中教育联合会"国际学术会议负责人，邀请旅美男高音歌唱家宋扬为会议的开幕式演唱。他自弹钢琴伴奏，深情演唱了《我和我的祖国》，从那时起，我们就成了朋友。

时隔数年，2015 年的新春到来之际，正从事美中文化交流的宋扬先生给我打来电话，说中国音乐学院紫禁城室内乐团即将访美巡演，问我可否帮忙联系，请乐团到我所在的大学演出。

这可是世界顶级的室内乐团啊，我立即与肯尼索州立大学孔子学院联系，促成了该乐团访美巡演的亚特兰大专场，并在中文媒体发表了活动预告与评论：

亚城春来早　国乐寄深情
中国音乐学院紫禁城室内乐团即将莅临演出[1]

2015 年迎春，亚特兰大的观众特别幸运——由中国文化部隆重推出的欢乐春节"东方快车"紫禁城室内乐团北美巡演，即将莅临演出。元月二十四日（星期六）晚七时，由美中文化教育基金会（US-China Cultural & Educational Foundation）和肯尼索州立大学孔子学院联合主办，乐团将在肯尼索州立大学贝丽音乐厅亲情奉献一台顶级的中国民乐演奏音乐会。

---

[1] 原载 2014 年 12 月 30 日美国《美中报导》。

郑滨耀　著

　　中国音乐学院 1964 年始建于北京，1980 年完成建制，以中国传统音乐教育和研究为特色，是培养从事中国民族音乐表演、创作、理论和科研工作专门人才的最高音乐学府。紫禁城室内乐团由该校资深教授和著名音乐家组成，涵盖国乐中的所有主要乐器，包括琵琶、二胡、板胡、京胡、三弦、大阮与中阮、古筝、扬琴、笛、箫、笙、打击乐等。乐团还有声乐男特高音，现任指挥是著名音乐家刘瞬教授。

　　紫禁城室内乐团作为中国文化部对外交流的国家高端艺术家团体，已先后赴澳大利亚、新西兰、波兰、匈牙利、俄罗斯、罗马尼亚、保加利亚、墨西哥、古巴等十多个国家和地区访问演出，并应邀参加了布里斯班、堪培拉、惠灵顿、奥克兰、爱内斯库、塞万提斯、新西兰、华沙之秋和新加坡华艺等国际音乐节，其精湛的演奏和所展示的中国元素引起国际乐坛的轰动。

　　乐团起点高端，但亲近民众，出版的《梅边似梦》、《风声》两张原创音乐 CD 唱片深受国内外音乐界和乐迷们的喜爱，被评价为"体现了中国传统音乐特有的华贵与典雅，表现了当代音乐舞台罕见的经典与魅力，亲近了高雅音乐和芸芸众生的情感距离。"乐团被誉为探索中国当代音乐语境与世界对话的范例，是当今世界最具影响力的室内乐团之一。

　　紫禁城室内乐团在中国和世界乐坛独树一帜，不仅在于乐团独特的艺术风格和精湛的演奏水平，更在于艺术家们的文化自觉理念。即在继承中国优秀音乐文化遗产的同时，着力彰显音乐文化的时代价值和当代音乐家的艺术个性，在打造、研究、展示的实践中实现民族音乐的传承与创新。同时，乐团还着力探索和创新民族音乐人才培养的特色模式，推动民族音乐创作的多元与繁荣，用心灵与智慧弘扬中华民族的优秀音乐文化。

　　中国音乐属于中国，也属于世界。紫禁城室内乐团将传统与现代相结合，传承与发展相结合，演奏与创作相结合，高端与大众相结合，中国与世界相结合。乐团让中国民乐走出国门，走向世界，走近民众，走入人心，让世界认同，与世界对话。

1月24日，乐团将以合奏、独奏、二重奏等多种形式为亚城观众激情演奏《金蛇狂舞》、《春江花月夜》、《二泉映月》、《十面埋伏》、《夜深沉》等经典名曲，还有经乐团改编和再创作的《梅边似梦》、《醉舞金刚》、《牧民新歌》、《三六》、《线戏》、《蓝草》、《阳光》等不同风格的乐曲。此外，乐团还为美国观众特别准备了《德州黄玫瑰》和《美丽的亚美尼加》。压台曲目将是喜庆的《花好月圆》和《喜洋洋》。为此次巡演奔波的男高音歌唱家、美中文化教育基金会副主席宋扬先生欣喜地说："乐团成立以来引起国内外乐坛的轰动，此次北美巡演，亚特兰大一定震撼！"

肯尼索州立大学注重国际交流，是美国八所国际教育倡导高校（The Renaissance Group）成员之一，该校的孔子学院积极推广汉语教学，主办丰富多样的文化教育活动，多次被中国国家汉办和孔子学院总部评为优秀孔院。孔院院长金克华说，我们对承办这次高层次的音乐会感到十分高兴，这是肯州大国际化的重要活动。该院副院长廖东梅会同贝丽音乐厅，按乐团的要求精心落实音乐会的各项事宜。肯州大音乐学院得知乐团来访，专门安排了相关教学活动，乐团抵达的当天将首先和音乐学院的师生见面并进行交流。学校热情欢迎乐团的到来，并邀请各方观众届时前来校园欣赏音乐会，共庆新春佳节。

据悉，乐团将于1月23日抵达，26日离开亚特兰大。乐团在美国共演三场，另外两场分别在阿拉巴马的伯明翰和弗罗里达的迈阿密。

主题词汇：

中国民乐，文化传承，创新，中外文化交流

郑滨耀　著

27. 亚特兰大民乐团

音乐是我从小的爱好，并伴随我来到亚特兰大。2006 年，我加入了东方之声合唱团，先后在龚晓红、李倩、陈静薇、胡培栩、刘志侠、崔仙玉老师的指导下学习美声唱法，并将声乐训练融入教师技能发展的教学之中。在学习乐理基础知识的同时，我有幸得到亚城二胡专业教师杨春的指导，比较系统地练习二胡。

2017 年春，由湖北老乡、毕业于武汉音乐学院的琵琶演奏家沈丽玲推荐，我加入了亚特兰大民乐团，在里面学习和演奏二胡。

乐团团长、编导兼指挥王智宏先生原是部队文工团的专业二胡演员，来到亚特兰大后，他将全部精力倾注到乐团的排练和二胡教学之中。他给我来电话，请我分担乐团的行政与外联事务。由于教学和研究任务重，用于乐团活动的时间有限，我十分犹豫。但感动于王老师的奉献精神，也感动于乐团的老师和乐友们对民乐的执着，我接受了这一任务。

那年秋天，王老师和夫人请我们到家中聚会，共谋乐团的发展，就此我在亚城中文媒体发表通讯，介绍这个悄然发展的华人文艺社团：

以乐会友　倾情奉献
发展中的亚特兰大民乐团[1]

民乐——承载中华灿烂文化的美妙音乐，不仅在两岸三地传承发展，还以各种形式走向世界，也成为美国多元文化中

---

[1] 原载 2017 年 9 月 16 日美国《新报》。

的一朵奇葩。近年来，一支以演奏中国民乐为主的乐团在亚特兰大悄然成长，并以崭新的阵容向观众走来。

2017年9月10日下午，亚特兰大市区风和日丽，繁华的都市风景如画。为欢迎新近加入乐团的多位成员，乐团编导兼指挥王智宏和夫人王燕燕盛情邀请乐团全体成员到家中聚会，庆祝乐团的新发展，并共同探讨中国民乐面向海外观众的发展方向。

参加聚会的部分成员（前右二：王智宏编导）

那天，有几位老师是举家前来，因故缺席的几位成员也发来热情洋溢的微信，为乐团的发展出谋献策。王老师夫妇为大家准备了丰盛的佳肴，参加聚会的新老成员欢聚一堂，饮美酒、品美食，热烈讨论乐团的排练，并研究演出的形式和与社区的联系。

亚特兰大民乐团（Atlanta Orchestra of Chinese Music）成立

郑滨耀　著

于 2014 年，旨在弘扬中华传统文化，为亚特兰大地区的中美观众服务。经过短短几年的创业与磨合，乐团已由最初的几个人发展到近二十人，涵盖了国乐中的主要乐器，还融入了西方乐器的精华。

三年来，乐团成员利用工作之余，排练了民乐合奏、重奏、独奏等丰富多样的节目，参加了两届亚城金秋文艺晚会，并应邀为肯尼索州立大学茶文化纪录片首映式和亚城华人乒乓健儿奥运出征仪式作专场演出，大小演出近二十场。

通过演出，乐团积累了丰富的舞台经验，形成了自己的艺术风格。除气势恢宏的民乐合奏，还有演绎民族室内乐的组合、各种乐器的独奏、以及弹拨乐合奏等富有特色的小型节目。所奉献的《赛马》、《天路情》、《菊花台》等民乐合奏受到观众的欢迎和好评。最近，乐团正加紧排练《牧民新歌》、《花儿与少年》、《紫竹调》等曲目，并将以崭新的阵容与观众见面。

民乐源于中国，也属于世界。以民乐传递中华民族情怀、丰富当地的多元文化，是海外音乐人共同的心愿，也是华人融入主流社会一条绚丽的纽带。编导王智宏说，乐团秉承"以乐会友、乐享音乐"的宗旨，致力于弘扬民族音乐精神，让中国民乐融入到世界艺术之中。除演出之外，乐团的专业教师还举办古筝、大提琴、二胡、琵琶、竹笛等教学活动，致力于人才培养和艺术普及。

回顾乐团三年的发展，王智宏编导十分感谢亚城地区的华人朋友、社团组织和美国观众对乐团的厚爱与支持。对乐团成员克服困难、坚持排练和演出，以及他们相互配合的可贵精神，王编导也赞赏有加。他说，乐团将为传播和发展中华民族音乐不懈努力，一如既往服务于华人社区和美国社会，让生活在海外的华人常能听到乡音，让各族裔的观众欣赏东方民族文化的风情！

主题词汇：

中国民乐，文化传承，音乐教育，社区生活，中西文化交融

28.　亚洲之声艺术节

作为亚特兰大民乐团的行政与外联负责人，我为乐团联系的第一场演出是参加 2018 年暑期的亚洲之声艺术节（South by Southeast Asian-American Voices Theatre Festival）。这是亚特兰大高校戏剧专业教师发起组织的多元文化活动，也是我参与社团活动的美丽花絮。

那年五月的一天，我收到肯尼索州立大学艺术学院陈明教授转发的校内通讯：由我校戏剧专业教师发起组织的亚特兰大 2018 年暑期亚洲之声艺术节，邀请有兴趣的文艺团体提交参演申请。我即与乐团的王智宏编导联系，我们决定申请参演。

彩排之后

　　根据组委会的要求，申请材料应包括乐团介绍、各曲目的文化背景和艺术形式、还有参演人员的专业经历和照片，俨然是学术活动的申报形式。好在王编导已写好了乐团介绍，我只需译成英文，乐团的老师们都积极配合，发来个人简历、乐器和曲目介绍、还有演出剧照。

　　我们的参演申请很快得到了组委会的批复，并作为艺术节的压轴专场安排。乐团随即开始了紧张的排练，并在演出前一周成功进行了剧场彩排。

　　参加社团活动，并为之宣传报道，是我参与和服务的方式。那次演出圆满成功，随后我在中文媒体发表了通讯：

展示亚洲文化　倾听亚裔心声
亚洲之声艺术节中国民乐与舞蹈演出精彩纷呈[1]

　　当绚丽的灯光照亮台上的乐团，观众期待的掌声停下，站立于舞台两侧的两个年轻的男女主持人，用充满激情的英语呼唤：你在哪儿？——我在亚特兰大！你听到什么？——我听到美妙的歌声。它来自哪儿？——它来自遥远的亚洲！来自被称为世界屋脊的崇山峻岭。你听，一支美妙的乐曲，传唱着动人的心声："我站在高高的山岗，看到铁路修到我家乡，像一条巨龙翻山越岭，给雪域高原送来吉祥……"

　　这是 2018 年 8 月 19 日晚在奥洛拉剧院（Aurora Theatre）上演的亚特兰大亚洲之声艺术节音乐舞蹈晚会上，由亚特兰大戏剧联盟（Atlanta Plays）的导演帕梅·乔伊斯（Pam Joyce）亲自撰写、并由该剧社的专业演员现场为中国民乐合奏《天路情》作的舞台台词节目介绍。

　　亚特兰大是一个有着丰富多元文化的都市。由亚特兰大戏剧联盟发起组织，以戏剧、音乐、舞蹈为形式的亚洲之声艺

---

[1]　原载 2018 年 8 月 25 日美国《神州时报》。

郑滨耀　　著

术节，是一场精彩纷呈的文化盛宴。艺术节的压轴音乐舞蹈晚会于 8 月 19 日晚在位于洛文斯维尔的奥洛拉剧院与观众见面。

主演单位亚特兰大民乐团倾情演奏了民乐合奏《天路情》、《花儿与少年》、柔美抒情的二胡与大提琴协奏《菊花台》（二胡王智宏，大提琴徐海英）、激情奔放的古筝合奏《跨越山河寄豪情》（陈淑芳领奏）、欢乐祥和的扬琴独奏《节日的天山》（温燕娜演奏）、还有优美动听的笛子独奏《牧民新歌》（路瑶演奏），受到中美观众的热烈欢迎。亚特兰大戏剧联盟融入的戏剧舞台台词节目介绍，让东西方艺术深度融合，令人回味深长。

同台演出的还有亚特兰大舞蹈社团 Eve Hao and Company 的精彩节目。

主题词汇：

亚洲文化，戏剧，中国民乐，东西方文化交融，音乐与艺术，社区生活

29. 中美综艺文艺晚会

中美综艺协会（Chinese American Cultural Performing Group）由来自两岸三地的一群佳丽发起组织，成立于 1998 年，其宗旨是弘扬中华传统文化，展示中华艺术瑰宝，为新一代华人融入美国主流社会铺路架桥。该协会一年一度的大型金秋文艺晚会，是亚特兰大地区一道亮丽的风景。

亚特兰大民乐团是中美综艺文艺晚会的主要参演团体之一。受民乐团王智宏编导的委托，我代表乐团参加了该协会 2018 年和 2019 年中秋文艺晚会的筹备，并为晚会作宣传报道。下面的短讯记录了最近活动的一个场景：

"月之恋"令人神往 "异乡情"鸿雁归来
中美综艺负责人观摩亚特兰大民乐团排练[1]

中美综艺协会主办的"2019 亚城中秋文艺晚会"将于 9 月 29 日隆重上演。在参演团体紧锣密鼓进行最后阶段的排练之际，该协会会长莫晓梅、副会长兼晚会导演组组长付红、协会秘书长王叶辉一行三人，日前来到亚特兰大民乐团排练现场，了解节目的进展，介绍晚会的筹备，并表达对乐团倾力支持的谢意和对节目的期待。

民乐团在亚城北郊一位乐手家中排练。这里面对一个幽静的小湖，林荫中的车道上停满了车，预示着参加排练的人员较多。推开大门，一串快乐的音符从排练厅扑面而来，欢迎为晚会节目不辞辛劳的三位客人。

虽然不是在舞台上，民乐团参演的阵容也可见一斑：有古筝、扬琴、二胡、琵琶、大提琴、手风琴、小号、萨克斯风，

---

[1] 原载 2019 年 9 月 21 日美国《新报》。

还有打击乐。乐团团长、编导兼指挥王智宏先生为这次演出精心编配了两首曲目。自八月初以来，乐团每逢周末集中排练，王编导严格要求，团员们一丝不苟。现在整体演奏已日臻完善，正作最后的精雕细琢。乐团力求以最佳的阵容、最美的音乐，奉献给中美观众。

　　第一首乐曲《鸿雁》。在乐队轻吟的颤音衬托下，大提琴演奏家徐海英以娴熟的技艺和深情的投入，奏出马头琴般悠扬深远的乐章，将观众带入广阔无垠的草原，余音缭绕，婉转悠扬。徐海英来自中国重庆市歌剧院，曾多次与海内外名家合作演出，斩获巨大成功。由王智宏创作加入的前奏，采用了内蒙古独特的音乐风格，并以大提琴与二胡深情倾诉的旋律，为鸿雁的归来烘托了气氛。蓝天白云之下，远方归来的鸿雁歌唱着依恋的大地，向往着美丽祥和的明天。

亚特兰大民乐团合奏《鸿雁》

　　接着是《一条大河》（我的祖国）。"一条大河波浪宽，风吹稻花香两岸……"观众耳熟能详的歌词，由民乐与西乐结合演绎，弦乐、弹拨乐、手风琴、管乐、打击乐等不同乐器多声部合奏，间或独奏和变奏，表达人们对故乡的思念和赞美，还有衷心的祝福。第二乐段时小号加入，气势恢宏的号角，伴随奔流不息的大河，将乐曲推向高潮。此次参演的 Gary Dizon 是亚特兰大专业管乐演员。他因为要赶场，本打算只参加前半场的排练，为了让来访的组织者领略他的加盟，高兴地留了下来。王编导说，这次除了大提琴和手风琴，还加入了小号和萨克斯风，是乐团中西音乐融合的一次尝试。

　　这天的排练恰遇热心乐团活动的团员准备了美味的中场茶歇，中美综艺协会的三位负责人体验了乐团集中排练的温馨氛围。她们赞美道：民乐团节目棒，排练条件好，还有美食！

　　莫晓梅会长介绍说，中美综艺此次晚会组织细致，并得到了各方的鼎力支持。晚会内容丰富，将是亚城地区又一次文化盛会。享誉中美歌坛的男高音歌唱家宋扬加盟参演，将为中美观众一展歌喉。四位主持人除了著名喜剧演员莫光远、幽默大师孙德华，还有著名的 2016 年佐治亚小姐莫莉和 2006 年亚特兰大华裔小姐夏贤静。这台晚会令人期待！

主题词汇：

中华传统文化，文化传承，中西音乐交融，社区生活，海外华人

郑滨耀　著

第七章

领略多彩人生

参与社团活动，为媒体采访报道，让我有机会走近各领域竭诚敬业的华人和美国朋友，分享他们的美丽梦想，领略他们的多彩人生。

郑滨耀　著

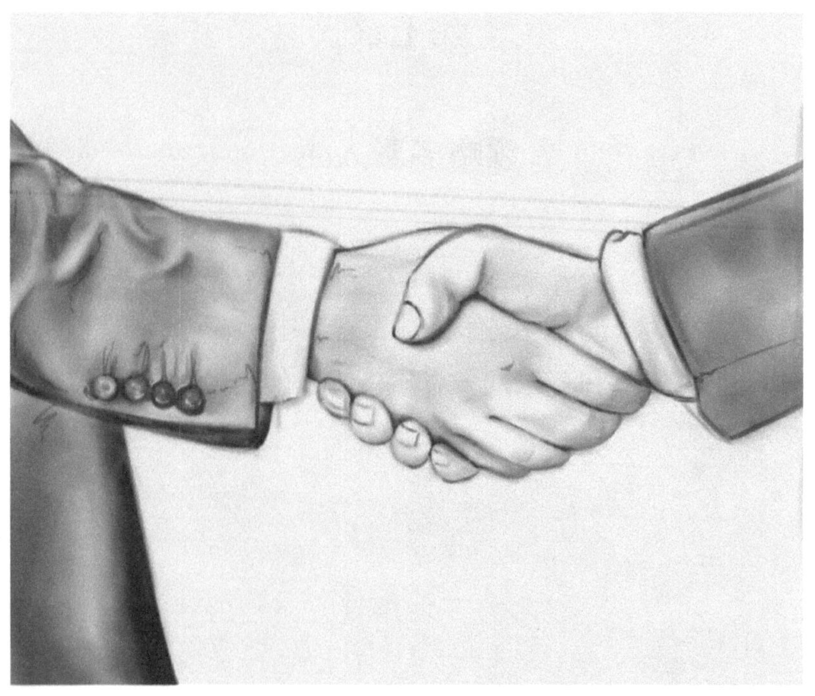

30. 节目主持人莫光远[1]

　　初识莫光远，记不清是哪年的亚城春晚了。那是美东南华人的文化盛宴，过大年释解乡愁的地方。历届春晚内容纷繁，能记住的节目不多了，但有一位面带微笑，潇洒自如的男主持让人印象深刻。他就是来自武汉话剧院、亚城华人家喻户晓的节目主持人莫光远。之后与他偶然相遇，招呼寒暄，他很谦逊。而真正认识莫光远，近距离领略他的主持风采，是在亚特兰大湖北同乡会 2018 年元宵节晚会上。

莫光远（中）领衔主持

[1] 原载 2018 年 3 月 9 日美国《神州时报》，原标题：《微笑带谦和　妙语含真诚——莫光远主持风格赏析》。

郑滨耀　　著

活动还没开始，莫光远就早早来到会场，在后台和两位美女主持金秋、陈美伊一起，现场编排台词了。那认真与投入，好似一台重要的演出即将开场。晚会开始时，我在后台准备着自己参与的节目。音响里传来似乎武汉电视台方言节目里浑厚的汉腔："国（各）位朋友，国位乡亲，我们在则（这）里给酿（您）们拜年啦！"掌声和着欢呼，恍惚间觉得回到了佳节中的荆楚大地。

对人说人，对事说事，说得到位，说得精彩，是文艺主持人的绝活，莫光远演绎得十分洒脱。他演的话剧和小品，亚城观众耳熟能详。但是当他主持节目，你却看不出有多少表演的成分，而更多的是亲近观众，贴近生活。观众喜爱他，因为他不仅睿智，微笑里还带着谦和，妙语中含着真诚。他报节目简洁明快，又不失幽默；他介绍的内容让你相信，让你期待，让你还没看到演员和节目，就已感受到接下来的场景。他的评论信手拈来，洋溢着对美好事物的赞誉，还略带引导的思维，让你回味。

元宵节晚会精彩纷呈，莫光远领衔主持更让会场平添欢乐。微信群里他的好友、湖北同乡会前会长郭彦文这么留言："莫兄是在一个非专业的场合，以专业的态度和水准主持了这台晚会。"莫光远却回应说，"能为亚城的湖北乡亲做点事情，我高兴着呢！"

短文见报之后，莫光远先生在微信朋友圈发了以下文字作为回应：

"过完了年，初识了一位好朋友，大学教授郑滨耀先生。他为莫某写下了这篇短文。对本人的赞誉之词，我唯有在未来的演出活动中继续努力，来报答为晚会同样做出了努力的人们，尤其是认识和不认识的观众朋友们。在此由衷地感谢这位萍水相逢的友人——郑先生！"

时隔半年，2018 年 8 月 18 日，中美综艺协会举行亚城金秋文艺晚会筹备会议，我代表亚特兰大民乐团参会，又有机会见到莫光远——亚城观众喜爱的笑星、给我留下深刻印象的节目主持人。

那天下着大雨，莫光远姗姗来迟。会议主持人介绍他，没提他是来自武汉话剧院的演员，只说他曾是中国武汉电台和电视台的节目主持人。想起年初写那篇关于他的短文时，为了介绍准确曾电话采访他，他不曾提到这些经历。于是会后我问他："我怎么不知道你在电台和电视台工作的经历呀？"他笑着说："那都是哪年的陈芝麻烂谷子的事儿了。"言语间还是他那特性：简洁明快，幽默中带着谦逊与真诚。

晚会筹委会约我写节目预告，并建议我采访一下莫光远，说他将上一个经典的哑剧小品。我们又一次通了电话。我问莫光远："哑剧有何特点？"他说，"也就是一个不需要听懂说话就能看懂剧情的节目。"我请他介绍一下剧情，他却说，"我要是都给你说了，那哪还有包袱可抖啊？"我无奈，只有三言两语，在新闻稿中卖了个关子：

这次盛会将有不少美国观众光临，晚会特意准备了一个不需要听懂说话就能看懂剧情的节目——著名主持人、小品演员莫光远将给大家献上幽默哑剧《照镜子》。他将与搭档于小洁和新秀蒙学军一起，在清末民初古建筑天幕背景下，让这部经典之作焕发青春。

主题词汇：

节目主持，睿智，幽默，谦和，真诚，海外华人，中美文化交融

郑滨耀　著

31.　浦立伟的音乐梦与教育情怀[1]

　　小提琴是西方音乐中的一枚瑰宝。来自上海的小提琴演奏家浦立伟以其精湛的技艺跻身于美国乐坛，并在亚特兰大创办了以教授古典音乐为主的音乐学院。这所学校在短短的几年里取得了丰硕的成果，成为美国东南地区中西文化交融的一道亮丽的风景。

　　浦立伟先生毕业于上海音乐学院，之后赴美深造，师从多位小提琴演奏大师。1990 年他荣获美国音乐教师协会的比赛大奖，之后以一位青年艺术家朝气蓬勃的形象步入美国职业乐团，先后任职于休斯顿交响乐团和亚特兰大交响乐团。

　　2012 年，我作为二胡演奏家杨春指导的乐队成员，参与浦立伟为亚城春晚编导的大型合奏节目《山丹丹花开红艳艳》，那时他是亚特兰大交响乐团的小提琴副首席。他的演奏飘逸悠扬，充满激情，令人难忘。

　　出于对音乐的兴趣，也缘于教育职业的本能，我关注着这位杰出华裔音乐家的发展与成就。2014 年浦立伟音乐学院成立，一年后该校学生应邀公演，并获得全美和佐治亚州多项音乐比赛奖。2015 年浦立伟音乐学院成立亚特兰大青年乐团；2017 年乐团首场大型音乐会圆满成功。浦立伟音乐学院人才叠出，好评如潮。我曾想，浦立伟为什么放弃知名乐团的首席职位而办学兴教？他有着怎样的音乐理念与教育情怀？

　　在一个文艺活动中，我有机会再次见到浦立伟。我告诉他，我那时是亚特兰大民乐团的行政与外联负责人，并向他介绍了民乐团的发展和编导王智宏先生。他高兴地说，"早听说你

---

[1]　原载 2018 年 5 月 18 日美国《新报》，原标题：《执着音乐梦　倾心教育情——访小提琴演奏家浦立伟和他的音乐学院》。

们了，也许我们两家可以合作，参演明年的亚城春晚？"我们相约，找个时间好好讨论这个话题。

2018 年 5 月一个阳光明媚的上午，我和浦立伟在他的音乐学院见面。

那是亚城北郊新近落成的一个社区，绿荫环抱，优雅恬静。浦立伟既是学校的校长，又亲自教课、指导乐团，日常工作繁忙。他见我到来十分高兴，带我来到他的工作间。里面除了几把小提琴，还有书架上满满的 CD 与影碟。他没有想象中那种大音乐家的架子，却像工作中一位要好的年轻的同事。我祝贺音乐学院桃李满园、成就斐然，他感言说，"我在美国职业乐团里工作了二十五年，如果继续再演奏二十年，又有多少意义呢？不如把这些教给青少年，通过他们，让更多的人享受音乐的魅力。"他还强调，音乐对一个人的成长与发展太重要了，不管他未来做什么行业，音乐素养都太重要了。

浦立伟有一个优秀的教师团队，除了他的夫人——中提琴演奏家张菊芬，还有教小提琴、中提琴、大提琴、钢琴、乐理与识谱等课程的专业教师。他不仅为学生们的音乐成长精心筹划，还为他们今后的职业发展殚精竭虑。他说，传统的音乐人以专业谋生的方式很难了，要想法将音乐专长与其他职业结合起来。

谈到佐治亚州的音乐教育，浦立伟为中小学音乐教师的匮乏而担忧，琢磨着如何为改变这一状况贡献一份力量。他的音乐学院实行高水准、全方位的教学和演出实践，不仅是音乐专门人才成长的摇篮，也为更多的莘莘学子提供学习的机会。他们走进这古典音乐的殿堂，接受艺术的熏陶，磨练追求完美的意志，掀开多彩人生的扉页。

接下来，我们讨论了两个乐团合作演出的设想。首次尝试将是一首西乐、一首民乐，两个乐团以强大的联合阵容，参演2020 年亚城春节文艺晚会。之后将筹备联合演出专场。最后，浦老师高兴地向我透露，他指导的亚特兰大国际青年乐团第二届音乐会将于 2018 年 6 月 16 日隆重举行，他将在这场音乐会上演奏小提琴协奏曲《梁祝》。

与浦立伟在青年乐团的音乐会上

后来由于新冠疫情，亚特兰大 2020 年春节文艺晚会取消，民乐团与浦立伟音乐学院的联合演出未能实现。但是，我有幸走近这位音乐家，领略了他跨文化的音乐理念和执着的教育情怀。

主题词汇：

音乐与人生，执着，跨文化，音乐理念，教育情怀，成就，谦逊，合作，中西音乐交融

32. 尹茂达和他创办的华裔老人服务中心[1]

两位越南华侨少小同窗，情如兄弟。他们在越战年代依依离散，从此天各一方，彼此了无音讯。近七十年之后，他们在美国亚特兰大的圆爱老人活动中心惊喜相逢。这个动人的故事承载了远去而厚重的历史，传唱着人生珍贵的情谊，在亚城华人中口耳相传。怀着对两位老人的敬爱，还有对时下老人服务事业的关注，笔者应《新报》之约，日前走访了这家专为华人长者开办的活动中心。

从亚特兰大中国城往北不远，马路对面有一排朴素的平房，"圆爱康乐中心"牌匾在初夏的阳光里熠熠生辉。大门前的玫瑰花盛开着，花红叶绿，让这宁静的环境充满生机。

六月中旬的一个上午，我和《新报》的王主编一起，来到久闻盛名的圆爱老人活动中心。进得大门，热闹的气氛让人眼前一亮！宽敞的大厅，十几张大圆桌整齐摆开，穿着整洁的老人们面带笑容，围桌而坐，正愉快地饮茶聊天。右边的棋牌室里几位老先生在打麻将，谈笑风生。大厅背后是两张台球桌，几位长者正手持球杆，大显身手。台桌四周还围了不少爱好者，好像在研习、在评判。台球左边，一位老奶奶和一个小姑娘在打乒乓球。老奶奶告诉我，小女孩是她的孙女，话语中透着满满的天伦之乐。旁边的走步机上，一位老先生正走得起劲。左边尽头深红色幕布上缀着"温馨大家庭"几个大字，二十多位成员在那儿围坐成一圈，跟着健身教练呼吸伸臂，做着太极操……

怀着兴奋，带着新奇，我们找到了中心的创始人、执行董

---

[1] 原载 2018 年 9 月 16 日美国《新报》，署名：特约记者 郑冰（作者的笔名），原标题：《弘扬传统美德 服务华人长者——亚特兰大圆爱老人活动中心见闻》。

郑滨耀　著

事尹茂达先生。他正打着手机，在大厅前前后后忙着呢。尹先生带我们来到他的办公室。这是大厅隔壁的一个小间，两张办公桌，放着电脑，墙角堆放着资料和书籍。空间窄，加放两张折叠椅都显拥挤了。尹先生就是在这个十分简朴的地方，为老人们操办着各项服务。此情此景，令我对这位中心的负责人油然起敬。

我问，"怎么想到要办这个老人活动中心？"尹先生将我们的话题拉回到八年前他作为儿子遇到的困境。那年，他年逾九旬的老父亲出门散步，不慎摔倒。尹先生与兄长分别从纽约和明尼苏达赶回亚特兰大。为了给老父亲找一家活动场所，他们跑遍了附近的老人服务机构，但没有一家讲中文并供应中式餐饮，更没有适合华人长者兴趣爱好的健身设施。于是他想，为什么中国人不能办一家专为华裔老人服务的中心呢？

作为佐治亚州首家华人长者服务机构，圆爱老人服务中心的建立得到了亚城华人社区的热烈响应，并获得了所在地多瑞维尔（Doraville）市政府的支持。尹先生和他的夫人陈徽仪女士介绍说，活动中心正式成立有五年，中心从小到大，现已有在册成员一百八十多人，每天同一时间前来的老人不下九十人。中心为老人们提供日间活动项目，靠政府的资金支持运作。凡获得美国政府医疗白卡（Medicaid）或社安补助金（SSI）的老人都可申请享受中心提供的所有服务，包括来往于中心的专车接送。

活动中心继承和弘扬尊老爱老、"百善孝为先"的中华传统美德，精心打造适合华人长者的服务。中心不仅提供适合老人口味的中式餐饮，还设置了棋牌、台球、乒乓球、太极等娱乐健身项目，以及国画、书法、电脑与iPad、唱歌、舞蹈、营养等学习课程，并请专业老师前来讲课。不时还有文艺社团和华人教会的年轻人来为老人们表演节目。每逢母亲节、父亲节、新年春节等，中心自己的文艺演出则是老人们施展才艺的舞台。

中心还与热心人士和单位一起，组织各种贴心服务。佐治亚州立大学每年暑期都有中国学生前来做义务护理，附近的卫侨药店还在药瓶上加贴中文说明，为老人们送药上门。还有公民考试、法律援助等，都饱含着活动中心为老人们殚精竭虑的一片爱心。关于近期的活动，尹先生高兴地说，他正筹划着带老人们去亚特兰大植物园游玩。

每天早晨，老人们怀着愉快的心情，乘坐活动中心统一的专车从四面八方纷至沓来，在中心团队热情周到的服务中感受老有所养、老有所学、老有所乐。中心的服务不仅提高了老人们的生活质量，解除了许多华人家庭的忧愁，还极大地分担了政府在老人护理方面的压力与负担。为彰显和支持圆爱老人活动中心在社区服务方面的突出贡献，多瑞维尔市政府2017年对中心的资金支持增加了5%，2018年有望继续增加。中心的执行董事尹茂达先生被佐治亚州州长授予佐治亚杰出公民称号。尹先生倾心于少数族裔公益事业，还是泛亚社区服务中心董事长。最近，他荣获美华协会（OCA）颁发的社区卫生服务终身成就奖。

采访结束之前，我们在大厅见到了那两位久别重逢的越南华侨老人。老迪陶先生祖籍广东南海，今年九十二岁，在中心人称劳哥。劳哥耳聪目明，精神矍铄，除了玩麻将、打乒乓球，还喜欢唱歌，是位快乐老人。他听说我们是报社来的记者，高兴极了。他指着儿时的伙伴钟松老先生说，"和他在越南上中学时离散了，没想到还能在这里见到他。"钟老先生也已九十高龄，显得还很硬朗。二位老人谈及往事，似乎没有忧伤，只有今日重聚的喜悦。劳哥还告诉我们，他在这里很快乐，儿孙们对他也很放心。

我为老人们能有如此舒适快乐的活动环境而高兴。尹茂达先生和他的团队给予我们的长辈如此倾心的爱，我对之充满了感激和敬佩之情。有阳光的地方就有华人，有华人的地方就有中华传统美德所绽放的异彩！

郑滨耀　著

主题词汇：

尊老爱老，中华传统美德，敬业与奉献，成就，友谊，养老事业，在美华人

33. 帕梅·乔伊斯和话剧《两小无猜》

认识话剧导演帕梅·乔伊斯（Pam Joyce），是 2018 年夏天随亚特兰大民乐团参与她作为组织者之一的美东南亚洲之声艺术节（South by Southeast Asian-American Voices Theatre Festival）。

那年五月，我从肯尼索州立大学艺术学院陈明教授的邮件中获悉，该艺术节正在征集参演项目。作为民乐团外联负责人，我即与乐团的王智宏编导商量，我们决定申请参演。我们申报的"中国民乐演奏"很快获得了批准，并作为压轴专场安排。组委会通知我：具体事项与帕梅·乔伊斯导演联系，她是亚特兰大戏剧联盟（Atlanta Plays）的负责人、肯尼索州立大学戏剧系的兼职教授。

我和乔伊斯导演通了电话，希望前往音乐学院见她，她却建议到演出的剧院见面，顺便看看场地。

那是位于亚特兰大市区一个古老的小剧院。看到剧院斑驳的外墙，还有走廊两边退色的剧照，我不禁想，这里上演过许多的剧目，承载了世界艺术发展的历史。如今，我们乐团就要在这里演出，中国民乐也是美国多元文化的组成部分！

乔伊斯导演在剧院门口等我。她身着牛仔服，一副风风火火的工作装束。我们一见如故，就像单位的同事，她让我就叫她帕梅。她问我："你演奏乐器，怎么在教育学院任教呢？"我说，我从事师范教育，同时也爱好音乐。我们讨论了演出的许多事项，我提出，这剧院很有文化底蕴，就是舞台太小，容不了我们二十人的乐团。她答应马上协调，将我们换到较大的剧场，并希望演出前观看我们的排练。

盛夏的一个星期六晚上，帕梅驱车三十多英里，从亚特兰大市中心来到我们乐团的排练场地。她认真地看了我们整场的排练，并留下来讨论演出的细节。

两天后，帕梅给我打来电话，对我们乐团给予了高度的评价。她还说，承办演出的奥洛拉剧院（Aurora Theatre）了解到我们的阵容和曲目之后，调高了原定的酬金。乐团自成立以来，参与的多是义演，必要的开销没有资金来源。这次承办方调整酬金，体现了对乐团的认可，也为我们提供了活动经费，让我们很受鼓舞。

之后的两个月，帕梅和我有许多邮件往来，她索要了关于参演乐器和曲目的详细介绍，还有演奏风格和对舞台音响与灯光的要求。

演出前的彩排，帕梅台上、台下边指挥剧院的团队，边与我们协调。彩排开场合奏《天路情》，她端着笔记本电脑，指导两位青年演员为我们以话剧形式报幕。后来知道，那段精美的台词，是她根据《天路》歌词和历史背景创作设计的。

由于王编导精心组织，乐团成员倾情奉献，加上出色的舞美和戏剧形式的包装，我们的演出十分精彩，亚洲之声艺术节圆满落幕。帕梅·乔伊斯导演的敬业精神和艺术风采，给我和我们乐团留下了深刻的印象，让我们收获了真诚的合作与友谊。

之后不久，帕梅给我发来邮件，邀我到奥洛拉剧院观看她执导的话剧《两小无猜》试演。那个剧院就是我们乐团为亚洲之声艺术节彩排和演出的地方。

试演很成功。帕梅当即将我介绍给剧院的多元文化项目和市场开发负责人，他们高兴地告诉我：奥洛拉剧院精心打造高水平的艺术佳作，并推崇多元文化，《两小无猜》是他们的"跨文化项目"中一颗闪亮的明珠。为了宣传此剧，我随即在亚城中文媒体发表了剧情介绍和评论：

一厢情愿，还是彼此相爱？
亚裔青年爱情故事剧《两小无猜》隆重上演[1]

快乐中交织着悲伤——亚裔剧作家卡尔拉·琴（Carla Ching）的新作《两小无猜》（*The Two Kids That Blow Shit Up*），不经意地让观众体验这样的情感纠葛。这是一部现代舞台剧，讲述一对亚裔青年曲折的爱情故事。它告诫年轻人不要轻易地堕入爱河，即便是与亲密要好的朋友，以免终将以爱成仇。该剧将于 2018 年 9 月 7 日至 30 日在位于洛文斯维尔（Lawrenceville）的奥洛拉剧院（Aurora Theatre）隆重上演。

戴安娜（Diana）的母亲是辗转来到北美的中国移民，麦克斯（Max）的父亲也有相似的背景和经历，两个小孩九岁时随父母相识而相识。在之后的十几年中，他们青梅竹马，但彼此躲躲闪闪，相爱又不敢相认。双方父母失败的婚姻，让两个纯朴天真的孩子谨小慎微，不敢重蹈父母的覆辙。作为一位热爱生活的观众，你将被带入跌宕起伏的剧情，为剧中人物的快乐而欢笑，为他们的痛苦而悲伤！

扮演该剧女主角戴安娜的是荣获好莱坞"最佳跨文化表演奖"的青年演员薇薇·泰（Vivi Thai），男主角麦克斯的扮演者是亚特兰大崭露头角的青年喜剧演员杰克·哈尔（Jack Ha）。该剧执导是擅长首创新作的著名导演帕梅·乔伊斯（Pam Joyce）。

笔者于九月初观看了该剧的首场试演。两位主演讲纯正的美国英语，加上话剧的特质，悦耳动听，一般英语基础的观众随着剧情也能听懂欣赏。观众随剧中人的喜怒哀乐时而雀跃，时而动容，场面震撼。全剧九十分钟，一气呵成。当背景音乐远去，演员鞠躬谢幕，观众不约而同全体起立，掌声经久

---

[1] 剧评原载 2018 年 9 月 14 日《神州时报》、《北美酷播》，信息来源：Arora Theatre。

不息。剧末没有交代结局，留给观众对主人公无限的惋惜，还有对他们未来生活的美好祝福。

和乔伊斯导演在《两小无猜》试演剧场

　　斗转星移，时间到了 2020 年冬天。新冠病毒还在全球肆虐，人类处在十分艰难的时节。我和许许多多的美国人一样，整天足不出户，想利用这特殊的"寒假"，为编撰中的散文集加点文字。写到领略中美人士的多彩人生，我不由想起两年前参演亚洲之声艺术节认识的帕梅·乔伊斯导演。这位卓越的国际型艺术家、我们乐团的朋友，她现在怎样？我将艺术节和她执导的话剧写入书中，她会同意吗？

于是，2020 年的感恩节当天，我给帕梅发去邮件，一股脑儿介绍了此书的内容，以及写入艺术节和《两小无猜》的设想，问她是否乐意，并要求就她的作品与她电话访谈。

邮件发出后我很后悔，要是像微信一样可以马上撤回来就好了——还在疫情之中，正值节日，我怎么能如此突兀，要求她为我的写作帮忙呢？我期盼着，希望她不会介意我的冒昧和莽撞。

过了两天，帕梅发来热情洋溢的回信——祝贺我编写此书，同意将艺术节和她执导的话剧写入书中。她说，艺术节是她和另外两位同事共同发起组织的，于是她将邮件抄送她们——阿米·维亚斯（Amee Vyas）和米歇尔·波克帕（Michelle Pokopac），问她们"是否也同意支持滨耀？"关于话剧《两小无猜》，她期待和我电话交谈。

我很感激，帕梅如此快回复，对我的写作给予了全力支持。不几天，我收到阿米和米歇尔二位组织者同样热情的回信，赞同我将艺术节写入书中，还说等书出版，要将这一信息上传到她们的专业网站上，并问我"是否同意？"

圣诞节过后，我和帕梅相约通了电话。我告诉她：我和乐团的王编导时常谈起她，我们都很珍惜两年前那次愉快的合作。她很高兴，祝我们大家新年好！

我们转入访谈正题。帕梅告诉我，她从小酷爱表演，十三岁在亚特兰大读初中时就登台演出，大学期间专攻戏剧，并尝试导演。接着，她上明尼苏达大学读戏剧专业硕士学位，之后回到送她走上艺术之路的亚特兰大，做职业导演，并在大学任教。难怪她运筹帷幄、潜心投入，话剧是她从小的梦想、一直探索的事业！

谈到《两小无猜》，她不无激动地回忆：那是女剧作家卡尔拉·琴的新作，她拿到剧本，看了几页就爱不释手了。于是她找到奥洛拉剧院的项目主管 Justin，二人一起，一口气读完剧本，为之感动，拍案叫绝！

此剧讲述一对亚裔青年的爱情故事，观众应该主要也是亚裔，而亚特兰大的亚裔群体有限，剧院觉得取舍两难，但还是决定排演。由谁来执导呢？必须是一位擅长新作和多元文化的导演，剧院最终确定了她。

接着，我们讨论剧名 *The Two Kids That Blow Shit Up*。她解释说：从字面上讲，是"两个吹吹气玩耍的小孩"；但尺幅千里，背后的含义丰富：看似青梅竹马，但难以终成眷属的一对恋人。我介绍了中文"两小无猜"的含义和适用情况，问她这个译名如何？她说好极了。我为自己两年前写的剧评没有误导读者而庆幸！

《两小无猜》讲述在美华裔家庭的悲欢离合，同时折射出中国传统文化与现实生活的冲突，以及这些传统与现实对于年轻一代的影响和冲击。对于观众——特别是年轻人，它传递的价值观十分明确：纯真而深沉的爱情、对长辈的孝顺、还有对于美好生活的向往。剧情源于美国，诠释于现代舞台；观众随剧中人物在欢乐与悲伤中游离，在迷茫与惋惜中思考，期盼主人公克服羁绊，走向圆满的结局——这个结局却始终没有到来。

于是，从教育与心理学的层面看，《两小无猜》奉献给观众的不仅是艺术，也有心灵的启迪；这些启迪蕴藏于它悲欢交织、发人深省的心理内涵之中。作为以少数族裔文化为背景的故事，并由亚裔明星演员演绎，该剧是美国多元文化中一朵绚丽的奇葩！

我称赞帕梅跨文化的艺术视野，她却十分谦逊。她告诉我，另一部反映亚洲文化的新剧她可能接手执导，正在酝酿中。我在心底里祝福她，期待她更多更好的作品！

我们的访谈就要结束了，我问帕梅："你对我这本书的读者有什么想说的吗?"她停顿片刻，认真地说："这是一部教育之作。借此机会，我希望话剧能走进学校的课堂，特别是语言课堂。用表演的方式学习语言，会有奇妙的效果。"她特别强调"Action"（行动、表演）在学习中的作用，这与当今炙手可热的"建构主义"（Constructivism）学习理论如出一辙。

帕梅·乔伊斯不仅为观众奉献沁人心扉的话剧，她对艺术的追求还超越了那朴素的舞台。我庆幸自己能结识众多优秀的中美人士，领略他们的多彩人生，其中就有这位杰出的国际型戏剧艺术家。

主题词汇：

表演艺术，执着，国际视野，多元文化，合作与友谊，话剧与教育，心理内涵

郑滨耀 著

第八章

感　恩

　　人生的幸福源于学习；实现美好的梦想，离不开时代给予的机遇和许多人的帮助。我感恩所有关心和支持我成长与发展的人们，感恩给予我宝贵支持和真挚友谊的朋友们，还有时常牵挂着我的亲人。

郑滨耀　著

34．感恩母亲

我从小爱吃玉米，于是从我住读上初中开始，母亲就在菜地里特意种上一片晚玉米，待我暑假回家，玉米刚好长到鲜嫩饱满，煮熟后吃起来特别香甜。后来我被招工去了荆襄磷矿，在那里上师范学校、教书，虽然不能常回家度假，母亲依然每年种上一片晚玉米，说滨耀这个夏天准会回来。

我常常梦里回故乡。走进村子，眺望屋前的那片蔬菜地，一株株的玉米绿油油的，白色的花穗迎风摇曳，母亲喜出望外，从那里向我走来……

母亲（2006 年夏）

郑滨耀　著

　　母亲出生于汉江岸边的菜农之乡，因家境贫寒，年幼时就到地里帮外公、外婆种瓜栽菜，与蔬菜瓜果的栽培结下了不解之缘。我记事后就知道，母亲是村里有名的种菜能手。晚年时，母亲不肯跟随在城里的儿女生活，却执意留在乡下的老家，因为她离不开那片菜地。

　　那块地总是一片绿色。甘蔗、花生是孩子们喜欢的；晚玉米是为暑假归来的学生们准备的；各种时令蔬菜母亲自己吃不了，是塞给前来看望她的儿孙们最好的礼物。

　　晚年的母亲儿孙满堂，本应尽享天伦之乐，可是她还是要忙碌，还是要下地种菜。我终于明白，劳动和园艺就是母亲的生命，为了子孙的幸福而忙碌就是她的快乐，谁也阻拦不了她。母亲就像一座时钟，永不停歇。直到有一天，她在出门去菜地时摔倒在台阶上，从此再也不能回到她依恋的那片土地。

　　多少年来，母亲时时刻刻牵挂着我们兄妹每一个人和每一个家庭，特别是牵挂远在美国的我这一家。听说她经常因为思念我们而哭泣，但是当我们回到她的身边，她却说："太远了，不要专门花钱回来看我。"她牵挂每一个不在身边的儿孙，却鼓励上学的孙辈好好读书、志在四方。

　　2012 年的夏天，母亲去世了。当我来到那片魂牵梦萦的菜地，上面什么瓜果蔬菜都没有了，只有留着母亲脚印的泥土，还有郁郁葱葱的青草。母亲庭院中的一棵柿子树枝繁叶茂，挂满了橙色的甜柿子；葡萄架上绿色的葡萄晶莹剔透——那是母亲晚年学会的新的园艺，也是她留给我的永远抹不去的记忆。

　　忘不了，在我刚上小学时父亲去世，母亲把我扶上祖父的独轮车，送我去湖南姑妈家上学。车子已走远了，我回望站在台阶上的母亲，只见她抹着眼泪。

　　忘不了，当我报名参军初选录取，接兵首长前来家访，问她是否同意我参军入伍，她指着我语出惊人："他长大了，是国家的人，国家叫他到哪里去就到哪里去。"母亲没有文化，但那是我在电影里才听到过的台词呀！母亲明大理，她相信：儿子离开农村，就会有出息。

忘不了，当我被招工，母亲为我担着行装，送我到麻洋区的招工办事处报到。那次她没有流泪，却充满了喜悦。

忘不了，2011 年的夏天，在她疼爱的小孙子考取科技大学的庆祝宴会上，她看到我在台上致辞，是那么开心——那是我记忆中幸福的母亲！

没有想到，一年后母亲就永远离开了我们。

我感恩母亲——她含辛茹苦，在艰难困苦中将我和我的兄妹抚养成人；她勤劳的品格和朴素的家国情怀，永远激励着我们子孙后代。

蓝天作纸，大海为墨，难以表达我对母亲的感恩和思念……

写于 2021 年 11 月 25 日 感恩节

主题词汇：

感恩，母爱，勤劳，园艺，家国情怀

郑滨耀　著

35．感恩节[1]

2018 年 11 月 22 日是美国的感恩节，我从阿拉巴马州的西部小城卡尔曼，由 278 号国道开车回亚特兰大。这天风和日丽，微信好友和群聊送来的节日问候，犹如沿途如画的风景，美不胜收。特别是图片中"感恩有你"、"感谢有你"的字样，就像一颗颗闪亮的星星，在向我眨眼，向我微笑，令我感动。

其实，我更应该感恩那些发来问候的朋友们。如文艺界的主持人给我撰写评论的素材，媒体的朋友为我提供发表作品的园地，民乐团给了我艺术的熏陶，同乡会送来浓郁的乡情，还有同学群里不时的问候与激励，让我分享青春的友谊。正如一位同学的感言："人的一生之中，会遇见很多的人。这些人经过了我们的生命，也丰富了我们的一生。"

是那些关心和支持我的众多的人，包括华人和美国人，给我提供了各种机会，成就了我的许多愿望。他们竭诚敬业的精神和真诚合作的友谊，充实了我的生活，编织了我的生命。

利用行车途中休息的片刻，我回应了来自各方的感恩节问候，其中给大学同学群的帖稍有细化："世间众多的节日，唯有今日情深。它催人回首，品味人生。感恩四十年前的那个春天[2]，一纸通知，将我们聚集，于是我认识了你。岁月不返，同窗难忘，感恩节之际，感恩青春的日子里有你！"

感恩节，Thanksgiving，一个多么美丽动人的名字！它不仅带给我们节日的快乐，还让我们回首往事，催人奋进。

---

[1] 原载 2018 年 11 月 30 日美国《美中报导》。

[2] 我参加了中国 1977 年高考，1978 年春收到华中师大外语系的录取通知书。

我不由想起，二十多年前，当我在亚特兰大安家立业，在美国的几位同学就远道前来一聚。听说我回国了，在武汉、深圳、上海等地的同学分别组织欢乐的聚会；还有同学相约，来到我住宿的机场酒店为我送行。最近 2017 年冬的桂子山相聚更是令人难忘，好几位同学是毕业后首次相见。班长吴云在外地，特意托同学为小聚会带来红酒。四年同窗，同学情深！感恩节，我要再一次对同学们说：感恩有你！

感恩节源于美国。1620 年，102 名英国清教徒为逃避宗教迫害，乘坐"五月花"号船历经艰险，来到北美荒芜的大地。那年冬天他们饥寒交迫，到第二年活下来的只剩下五十多人。天性善良的原住民印第安人发现了这些幸存者，帮助他们搭建草屋，教他们狩猎火鸡、种植南瓜。在印第安人兄弟般的帮助下，这些落荒的移民绝处逢生，而且有更多的移民不断从欧洲到来。

1622 年，这批最早的移民迎来第一个丰年。深秋时节，他们在丰收的原野上燃起篝火，烤上火鸡，摆上宴席，感恩救他们于危难之中的印第安人。他们一起载歌载舞，庆祝丰收，通宵达旦。那场持续了三天三夜的庆典，被称为美国历史上第一个感恩节。不幸的是，不断壮大的欧洲移民为了扩大领地，不久就与印第安人反目为仇，给这第一个感恩节蒙上了"忘恩负义"的历史遗憾。

殖民地时期美国各州的感恩节日期不尽一致。美国独立后，几经变更，联邦政府最终将每年十一月的第四个周四定为全国统一的感恩节。今天的美国人在欢度这个节日的时候，家宴和朋友聚会的餐桌上都少不了一只整火鸡，以此来重温当年的先民与恩人共庆丰收的喜悦。节日期间，人们互祝感恩节快乐，再就是疯狂地购物，感恩节之后的那个"黑色星期五"应运而生。所以，感恩节成了美国一个充满欢乐和喜庆的节日。

与感恩节相关的感恩理念体现在美国的教育与文化之中。如中小学将感恩（Gratitude）作为道德教育的重要内容，高中

郑滨耀　著

和大学的毕业典礼上都会有毕业生感恩父母和亲人的动人场面。

感恩节之际，主流媒体会以不同的方式，讲述感恩的故事，渲染感恩的氛围。刚刚过去的感恩节那天，我在行车途中收听佐治亚 GPB 电台（Georgia Public Broadcast）的访谈节目，主持人与一位作家在讨论感恩的主题，强调感恩是可以付之于教的——Gratitude can be educated.

感恩与帮助他人并重，是美国道德教育的另一特点。各级各类学校在倡导感恩的同时，开展形式多样的服务型教学活动，如要求学生做义工，组织社区服务等，培养他们乐于服务和助人的意识。感恩节的庆祝活动也反应出这种风尚。除了政府部门提供给当地穷人的免费节日大餐以外，还有企业和个人自发给弱势人群送火鸡、送温暖的公益活动。

感恩理念影响了一代又一代的美国人，也让美国的多元文化绚丽多姿。多元文化理论将人与异域文化的有效交融描绘为"碰撞—认知—欣赏—运用"的亲历过程。在美华人庆祝感恩节较之于当地的美国人有更多的发挥，将这个节日赋予更多的人文情怀，是"在乡入俗"文化交融的生动典范。用微信的形式互致谢意与问候，就是一种发挥。

除美国之外，正式过感恩节的还有加拿大[1]。中国自古以来就崇尚感恩——"滴水之恩，当以涌泉相报。"听说当今不少中国老百姓也有了感恩节情怀，我认为这是好事。当人们感恩所有对自己有意义的人和事，社会就将更加和谐，人间就会更显美好。

心理学认为，人的能力与成就不是与生俱来。任何进步与收获，除了自身的天分和努力，还离不开外部环境提供的机遇

---

[1] 加拿大的感恩节是每年十月的第一个星期二。

和许多人的帮助。感恩国家和社会，提醒人们的社会公德与义务。感恩父母和长辈，让年轻人不忘孝道。感恩上司和同事，让人不断进取，珍惜现有的工作机会。感恩同学和朋友，让人真诚，珍惜友谊。夫妻或恋人相互感恩，则是爱情的维系与升华。

感恩节带着历史的伤痕一路走来，在文化的演进与交融中绽放出绚丽温馨的光芒。我们庆祝这个节日，愿生活更加美好，人间更多真情。

主题词汇：

感恩情怀，感恩教育，成就，环境，友谊，文化交融，历史

郑滨耀　著

36. 云聚[1]

　　带着同窗的友谊，带着久别的思念，还带着各地的抗疫信息和亲切的问候，华中师范大学外语系七七级海外校友群的二十位同学于 2020 年 4 月 26 日上网参加云聚会，场景让人感动！

　　美东时间晚九时，同学们从美国东北部的缅因、波士顿、纽约、华盛顿特区和新泽西，从西海岸的加州和华盛顿州，从北部的密苏里和伊利诺，从东南部的佐治亚，还从英国、从武汉，欣然来到 ZOOM 网络平台，在各自家中的电脑前正装出席，举杯问候，畅叙友情。

云聚（网络截图）

---

[1] 原载 2020 年 5 月 1 日美国《美中报导》。转载于 2020 年 5 月 11 日 华中师范大学校友会网《母校要闻》。

这些 1977 年恢复高考后的首届外语专业大学生，在中国改革开放初期走出国门，而今仍活跃在世界各地，发挥着自己的专长。他们有的从事教育，有的从事科研和高科技，有的从事商贸、金融、管理，还有的从事国际文化与教育交流，在不同的行业做出了不平凡的业绩。

主持人胡倩请每位同学作简短发言。一张张笑脸，仍然那么年轻；欢声笑语，还是那么熟悉，那么具有朝气，让人觉得回到了青春年华、激情绽放的大学生年代。

新冠疫情还在延续，这个同学群也亲历了这段特殊的历史，并积极投入到海外华人为抗疫作贡献的行列之中。2019 年年初，当疫情开始在武汉肆虐，从事文化与教育交流并担任洛杉矶湖北同乡会会长的刘寿权就及时组织募捐，购买了大批口罩等医用物资送往湖北和武汉的医院。与此同时，身处美国各地的同学们都怀着感恩的心，参加了当地华人社团组织的捐赠活动，为家乡的疫情防控出钱出力。

2020 年，当疫情在美国蔓延，同学们又转而援助当地的医疗部门。孙以琳同学的女儿是美国医院的一线医生，深知防护物资对医护人员的重要。三月初以来，她四处奔波，先后募集了一万多只医用口罩送给当地的医院，其中一部分是华中师大外语系七七级的同学们从国内寄来的。

勤勉向上、律己为人是中华民族的美德，同学们也用这样的文化理念教育和培养他们的后代。云聚发言中，大家不无自豪地谈到自己的子女，特别是有好几位同学的孩子都是美国医院年轻的医生。我们祝愿这些优秀的华夏儿女工作顺利，平安健康！

此次聚会，许多同学是久别重逢，有的还是毕业后第一次相见。美国和澳洲未能到会的几位同学，也通过视频和群聊分享了聚会的快乐，留下了美好的回忆。大家相约：当疫情过去，我们再相聚！

郑滨耀 著

主题词汇：

抗疫，感恩，海外华人，社区生活，同学情，友谊

37. 今夜星光灿烂[1]

"六一"是孩子们的节日，然而亚特兰大七七级同学会也于 2021 年 5 月 29 日主办云端音乐会，由乐队组织策划，用器乐、声乐、朗诵、舞蹈等形式，欢庆这个节日。音乐和着激情让他们回到了童年，对"明天会更好"充满了信心。

亚特兰大七七级同学会是以纪念中国恢复高考四十周年为契机成立的联谊群。短短几年同学会已有成员一百六十余人，并开展了丰富多彩的活动。大群下面按个人爱好志愿组成若干分群，"小乐队"就是其中之一。

由于新冠疫情，音乐会的节目均以音频、视频形式，在同学会微信群上传播放。当夜幕降临，亚特兰大晴朗的天空繁星闪烁，乐队队长李里更发布晚会节目单。这时，许多同学已在各自的微信屏幕前"带好板凳"，等着晚会开场了。

晚八时，大群群主张晓京宣布演出开始，随即跳出一个欢乐击鼓的动态头像。紧接着乐队队长热情致辞，他介绍这支新近成立的乐队，欢迎其他分群捧场参演，引来蜂拥而至的欢呼、礼花、鲜花、还有掌声。

演出尚未开始，就有同学即兴赋诗暖场。

张玫作诗："大群锣鼓喧天，器乐神队汇演，吹拉弹奏诵咏，今夜回归童年。"

紧接着揭湘沅（昵称老街）上传《打油一支》："七七小乐队，芸芸聚群英。首场音乐会，个个来精神。适逢儿童节，奏乐共欢欣。"接下来，他用赞美的诗句，将所有节目和演奏

---

[1] 原载 2021 年 6 月 4 日美国《美中报导》、2021 年 6 月 8 日美国《华讯网》。

郑滨耀　著

员逐一推上舞台。依揭先生在乐队群的聊天所言，开场之前有节目单、致辞、欢呼"三把火"，他的打油诗是"火上加油"。至此火候已到，就可以开场了。揭先生无愧是美国迪斯尼电影动画公司高级美术师，他的策划步步落实，艺术效果超越了预期。

第一个节目：器乐合奏《彩云追月》。这是乐队今年春天成立后排练的第一个合奏。节目规划期间，大家出谋献策，群里好不热闹。乐谱定型后，队员们先各自用耳机听伴奏"录干音"，再浑然合成。

点开视频，皓月当空，霞光中曼妙的云朵飘逸而过。伴着悠扬的前奏，"彩云追月"艺术字幕映入眼帘。这首经典的广东音乐，由弦乐（二胡、小提琴）、竹笛、弹拨乐（中阮、吉他、电子琴）多声部合作演绎，让人心旷神怡。

在儿童节之际遥望追月的彩云，聆听优美的乐章，你也许会浮想联翩——那是你快乐的心，在追寻远去的童年。

乐队首秀，线上一片欢腾。"好极了！""彩云追月，俺追七七小乐队！"

接着是张晓京的笛子与口琴演奏《让我们荡起双桨》。悠扬熟悉的歌声，再次将大家带回到快乐的童年场景。除了喝彩，更有同学赋诗，抒发共鸣。

李里更："群主笛子声清脆，北海公园再相会。绿树红墙掩白塔，童年歌声儿时味。"

侯亚新："七七小乐队，今宵来聚会。抑扬曲声美，乐友神相随。"

张玫："小船儿推开波浪，红领巾荡起双桨。晚霞里清风习习，海面上正红夕阳。"

我本来没准备写这篇报道，因为乐队的宗旨是自娱自乐，没计划对外报道。然而，当我爬楼再次欣赏这台晚会，采撷那些当时未能一一细品的点赞、评论、赋诗、赋辞，犹如徜徉在艺术和人生感悟的激情之中。那些点赞图案和文字，就像一颗颗闪亮的珍珠，将我震撼！我想，我应该将它们记下来、串起来，使之成为永久的记忆。当年轻的读者看到这篇短文，他们也许会惊叹：哇，这就是中国 1977 年恢复高考后的首届大学生——他们经历过风雨的洗礼，还保持着年轻的心！

接下来是乐队成员的独奏。罗敏二胡独奏《奔驰在千里草原》，万马奔腾，气势恢宏。李里更电吉他独奏"*You Raise Me Up*"，西乐演绎人生与友谊，电声萦绕，扣人心弦。李达茂先生用自制的板胡演奏青海民歌《花儿与少年》，琴声清脆，给音乐会增添了独特的韵味。

黄建中手风琴独奏《童年的回忆》，令人回想起童年天真无暇的快乐。晚会有猜歌名活动，爱好文艺的黄慧列出该节目演奏的儿歌有十六首之多：《听妈妈讲那过去的事情》、《我们的田野》、《王二小放牛郎》、《小燕子》、《丢手娟》等。张玫赋诗："童年记忆翩翩，满目五彩斑斓。喇叭声声绕耳，黄兄琴键锋展。奏尽风雨苦甜，回眸依然少年。"

何成师是医生，不久前搬来亚特兰大。他酷爱音乐，为人谦和，总是满面笑容。上个月，他盛情邀请乐队到他家中聚会排练。他的新宅为三层楼房，整个第一层是运动和音乐室，成了乐队优越的排练场所。他为晚会带来口琴中阮合奏《荷塘月色》。视频中，他将口琴挂在胸前吹奏，两手弹奏中阮，歌从口出，音符同时在指尖流淌，堪称一绝。

雷鸣是乐队中的西乐爱好者，谙练钢琴和小提琴。他献上钢琴独奏《巴赫 Prelude in C》。有评论云："琴声娓娓，行云流水，巴赫一曲，悠扬欲醉。"雷鸣的回应很有趣："本来应该把大家带回童年，一不留神带得远了点儿，比童年早了二百多年。"

《紫竹调》是江南吴语地区源远流长的民谣小调。揭湘沅二胡演绎这首乐曲，配以诗情画意的动态景色，让人置身于江南美丽的风光之中。乐队队长李里更赋诗赞曰："画比米开朗基罗，二胡赛过莫扎特。一曲江南紫竹调，吴侬软语美如歌。"

　　龚晓红（昵称子帆）是专业小提琴教师，也是乐队的艺术指导，为合奏节目的定型进行了宝贵的指导。今晚她深情演唱《小白船》，将甜美的歌声献给儿童，再次唤起人们对童年的回忆。何成师赋《卜算子》点赞："夜看月牙湾，湾里浆和帆。聆听船浆打水声，船中玉人唱。歌声飘渺来，天籁空中降。玉人曼妙双影月，如醉如痴狂。"

小乐队排练场一角

　　《可可托海的牧羊人》是风靡于当代中国的西部歌曲。蓝天白云之下广袤的草原，传唱着一个美丽的爱情故事。揭湘沅二胡与李里更吉他重奏此曲，如歌如诉，动人心弦。田锦扬（李里更的夫人）伴舞，优美的舞姿引来一片点赞。节目主体是音乐，画面上却只见伴舞而不见演奏者，于是有同学调侃道："舞蹈太棒，（重奏）成了伴奏！"

　　李里更是我在孟菲斯读书时认识的朋友。1997 年春节，香港即将回归祖国之际，我们同在小乐队为孟菲斯的华人联欢晚会排练、演出。数年后我们在亚城重逢，不胜欣喜。

　　本文原稿用作新闻报道，也介绍了我自己的节目：郑滨耀二胡独奏《天路》，抒发"看那铁路修到我家乡"的感恩情怀。这背后还有更多值得与读者分享的经历和情感。

　　我参加了 1977 年高考，被录取到位于武汉的华中师范大学。家乡天门离武汉不远，可假期从学校回家，得坐长途汽车到汉江南岸的仙桃，在那儿乘轮渡过江，之后徒步三十里到家，路上辗转差不多一天时间。几年前，沪—汉—蓉（上海—武汉—重庆）高速铁路建成，从天门通过。2017 年冬我回国开会之后乘高铁回老家，从位于武昌的武汉站上车，跨越长江，经停汉口和我下乡时劳动过的汉川，全程仅用四十五分钟到达天门南站。动车风驰电骋，我望着窗外江汉平原美丽的景色，一曲《天路》[1]不禁回响在耳边。而今，带我回家的也是一条"天路"啊，我在心底里为它歌唱！

　　张玫同学感叹："一曲天路漫漫，尽显苍凉薄怨。二胡旋律炫扬，悠悠尽流琴弦。"在东方之声合唱团认识的侯亚新同学也赋诗鼓励："二胡抑扬意趣浓，天路蜿蜒梦成真。荆楚才子心相随，美好向往一脉承。"

　　江山即兴赋辞——《忆旧游》贺乐器群"六一"首秀，用古文学俊美的语言，对音乐会的节目和演奏员作了别致的描绘：

　　"道繁华色褪，尽也埃尘。归燕迎风，键打惊乡客，闻雷鸣巴赫，曲梦相逢。小船野渡云间，花季岁月同。叱万种风情，晓京建中，醉倒黄桐。弦疯，率滨耀，颂雪域高原，天路长峒。看锦阳袖舞，伴李郎奚瑟，可可西东，湘沅更使怀旧，望月扯胡弓。赋春满江南，弄潮嬉戏何叟童。"

---

[1] 2001 年，曲作家印青和词作家屈塬到青藏铁路施工地采风。他们发现，铁路工人和藏族群众把青藏铁路形象地称为"天路"，歌曲《天路》由此创作产生。

郑滨耀　著

"大词人，有东坡风范！""有音乐会赛诗会的感觉。"点赞蜂拥而至，掀起云端又一波澜。

特邀嘉宾的精彩表演穿插晚会之中。由李晋汾创作、七七级朗诵群十多位同学深情演播的《致我们的六一儿童节》，情深意长，引来一片点赞，还有"我爱朗诵群！"

舞蹈队的杨丽、晓鸥、红月献上《梦里水乡》。舞者婀娜多姿，水乡风景怡人。老街点赞："春光满园，秀色可餐，悦耳养眼，美轮美奂！"

京剧群上演江山作词、郑德大编导的《老顽童》，六位京剧老生倾情联唱。锣鼓之后伴奏音乐起，有板有眼的西皮流水将观众带入别样的童年叙说，视听俱佳，令人陶醉。

音乐会的压轴节目是乐队赶排的器乐合奏《江南春早》。小乐队只有那次在何医生家集中排练的机会，之后各自练习、录音。由于大伙刻苦练习，加上被誉为"迪斯尼标准"的专业制作包装，呈献给晚会的是一个给人以听觉、视觉唯美享受的艺术佳作。江南的早春，微风拂柳，流水澄莹，美妙的音乐带你迎接春天的到来。

片尾滚动字幕记下为这个节目全力付出的成员：策划：张晓京。艺术指导：龚晓红。演奏：何成师（中阮）、黄建中（电子琴）、揭湘沅（二胡）、雷鸣（小提琴）、李达茂（二胡）、张晓京（笛子）、郑滨耀（二胡）、李里更（电吉他）。音频编辑合成：张晓京。视频图像资源提供：雷鸣、何成师、黄慧、YouTube。视频编辑制作：揭湘沅。

我是个业余音乐爱好者，但有幸加入了亚特兰大民乐团——一个以专业音乐人为主体的乐团。我将小乐队合奏的《江南春早》和我的独奏视频发给民乐团编导、二胡首席王智宏先生。疫情中民乐团没有活动，而我参与了同学会的这场演出，欲以此向他汇报。与专业乐团的演奏相比，我们的《江南春早》存在不少瑕疵，但王编导还是给予了肯定。他问：里面有原声带的音乐吗？我说没有，从笛子演奏的引子开始，全是小乐队的演奏。

与此同时，揭湘沅先生也将这版《江南春早》发给了他的一位朋友——原湖南省歌舞剧院长笛首席、国家一级演员。这位演奏家对我们的合奏也赞赏有加，说这类曲子他们都得合练 N 多次才可协调同步，还得在指挥下完成。小乐队短期内合成此曲，实属不易！

音乐会持续了两个多小时，获得圆满成功。众多同学点赞、评论、赋诗、作词，为晚会烘托了气氛，也展示了七七级同学践行终身学习理念的风采，表达了对人生的礼赞和感恩之情。

直到深夜，还有"零点观众"仍在与乐队线上互动，流连忘返。今夜星光灿烂。"六一"——孩子们的节日，也是我们的节日！

主题词汇：

终身学习理念，艺术与人生，回眸，友谊，感恩

郑滨耀 著

后 记

本书首章的部分文字于 2019 年 8 月在报上发表，时逢爱女顺利完成在哥伦比亚大学的住院医师和专科医师培训，正式走上医生的工作岗位。女儿受益于中国的早期教育和美国的优质教育资源，经过不懈的努力，成为一名年轻的医生。我祝福女儿，同时祝愿中美两国立志进取的青少年都能克服艰难、跨越坎坷，实现自己美丽的人生梦想，而且学习快乐、前程似锦！

我出生于中国的农村，学习让我认识了外面的世界，恢复高考改变了我的命运。自父辈以来，我是我们家族中的第一个大学生。让我欣慰的是，四十多年来，沐浴着中国改革开放的春风，在我之后一代接着一代，走出了更多大学生，所学专业涵盖了文、理、工、农、商、医、教育多个领域。第二代大多已学成就业，第三代也开始走进大学校园。

所上学校名录（1977-2021，以考入时间为序）：

第一代 （本书作者，1977-1996）：

华中师范大学（本科）、美国孟菲斯大学（硕士、博士）。

第二代（侄儿、女儿、外甥、外甥女，1997-2021）：

湖北理工学院，湖北大学，美国芝加哥大学（本科、医学博士）、美国哥伦比亚大学（住院医师、专科医师培训），湖北大学（本科、硕士），武汉大学，长江大学，湖北第二师范学院，石家庄铁道大学，中国科技大学（本科、硕士）、瑞典理工学院（博士），湖北汽车工业学院，华中农业大学（本科、硕士）。

郑滨耀　著

第三代（侄外孙、侄外孙女，2010-2021）：

武汉大学东湖分校，湖北第二师范学院，武汉商学院，湖北工业大学，成都理工大学。

追逐大学之梦，我感悟到人生的幸福源于学习；实现美好的梦想，离不开时代给予的机遇和许多人的帮助。对我而言，这些机遇和帮助来自于抚育我成长的中国，也来自于为我提供深造机会和广阔教育平台的美国。我感恩所有关心和支持我成长与发展的人们，感恩给予我宝贵支持和真挚友谊的朋友们，还有时常牵挂着我的亲人。

书中写到的我的亲人、领导、老师、同事和同学当中，有的已离世而去。其中有爱我至深的祖父、父亲、母亲、伯父、姑父和姑妈；有关心我发展的原华中师范大学校长、历史学家章开沅先生；有给我特殊关照的孟菲斯大学咨询、教育心理学与研究系原系主任波耶教授；有教给我知识、为我的成长殚精竭虑的伏岭小学涂在君老师、钟祥师范学校肖应荣老师、我的硕士学位导师卓海伦教授；有小时候和我在长江岸边一同玩耍的表弟、因公牺牲的中国援非农业专家刘国平；还有华中师大外语系七七级同学、华中师大外事处同事、哈佛大学教授花海燕。谨此寄托我对他们无限的怀念和感恩之情！

岁月红尘，天地轮回。

亲爱的读者：谢谢你阅读此书，分享我走过的路、追逐的梦！让我以诗人艾青的《我爱这土地》作为本书的尾声：

假如我是一只鸟，
我也应该用嘶哑的喉咙歌唱：
这被暴风雨所打击的土地，
这永远汹涌着我们的悲愤的河流，
这无止息地吹刮着的激怒的风，
和那来自林间的无比温柔的黎明……

然后我死了，
连羽毛也腐烂在土地里面。
为什么我的眼里常含泪水？
因为我对这土地爱得深沉……

郑滨耀

2022 年 1 月 27 日于美国亚特兰大

郑滨耀　著

主要参考文献

References

Bandura, A. (1977). *Social learning theory*. Englewood Cliffs, NJ: Prentice-Hall.

Berk, L. E. (2001). *Development through the lifespan* (2nd ed.). Boston: Allyn and Bacon. 256-327.

Berkowitz, M. W. & Bier M. C. (2005). Character education. *Educational Leadership*. Association for Supervision and Curriculum Development. September ed., 64-69.

Bodur, Y. (2012). Impact of course and fieldwork on multicultural beliefs and attitudes. *The Educational Forum 76*(1), 41-56.

Brubacher, J. W., Case, C. W., & Reagan, T. (1994). *Becoming a Reflective Educator: How to Build a Culture of Inquiry in the Schools*. Corwin Press, INC.

Creswell, J. W. (2014). *Educational Research: Planning, Conducting, and Evaluating Quantitative and Qualitative Research* (4th ed.). PHI Learning Private Limited.

Creswell, J. W. & Poth, C. N. (2018). *Qualitative Inquiry Research Design: Choosing Among Five Approaches* (4th ed.). Sage Edge.

Dewey, J. (1913). *Interest and effort in education*. Cambridge, MA: Houghton-Mifflin.

Eccles, J. S., & Wigfield, A. (2002). Motivational beliefs, values, and goals. *Annual Review of Psychology, 53*, 109-132.

Eggen, P. & Kauchak, D. (2007). *Educational psychology: Windows on classrooms* (7th ed.). Columbus: Pearson Merrill Prentice Hall.

Kaplan, L. & Edelfelt, R. A., Ed. (1996). *Teachers for the New Millennium: Aligning Teacher Development, National Goals, and High Standards for All Students*. Corwin Press, INC.

Martin, D. & Loomis, K. (2007). *Building Teachers: A Constructivist Approach to Introducing Education*. Belmont, CA: Thomson Wadsworth.

Martin, J. N., & Nakayama, T. K. (2010). *Intercultural communication in contexts* (5th ed.). Boston: McGraw-Hill.

McKeachie, W. J. (1986). *Teaching Tips: A Guidebook for the beginning College Teacher* (8th ed.). D.C. Heath and Company.

Ormrod, J. E. (2006). *Educational Psychology: Developing Learners* (5th ed.). Boston: Pearson Merrill Prentice Hall. 89-95.

Ormrod, J. E. (2008). *Human Learning* (5th ed.). New Jersey: Pearson Merrill Prentice Hall.

Ornstein, A. C., Levine, D. U., Gutek, G. L., & Vocke, D. E. (2017). *Foundation of Education*. Cengage Learning.

Phillips, D. C., Ed. (2000). *Constructivism in Education*. Ninety-ninth Yearbook of the National Society for the Study of Education (NSSE).

Prater, M. A., & Devereaux, T. H. (2009). Culturally responsive training of teacher educators. *Action in Teacher Education, (31)*3, 19-27.

Santrock, J. W. (2008). *Adolescence* (12th ed.). Boston: McGraw-Hill.

Schunk, D. H. (2012). *Learning theories* (6th ed.). Boston: Pearson.

Stipek, D. J. (1988). *Motivation to Learn: From Theory to Practice* (2nd ed.). Boston: Allyn and Bacon.

Wen, M. (2014). *East Meets West in Teacher Preparation: Crossing Chinese and American Borders*. Teacher College Press, Columbia University.

高觉敷主编：《西方心理学的新发展》，人民教育出版社，1987。

顾明远主编：《国际师范教育改革比较研究》，人民教育出版社，1999。

李伟胜著：《班级管理》，华东师范大学出版社，2008。

卢家楣、孙圣涛著：《心理学与教育》，上海教育出版社，1999。

上海师范大学现代校长研修中心编：《教育领导研究》（第一辑），上海教育出版社，2009。

王蒙著：《老子的帮助》，华夏出版社，2009。

袁振国主编：《当代教育学》，教育科学出版社，1999。

郑滨耀 著

照片集锦

华中师大外语系 7705 班 (1979 年夏)

郑滨耀　著

在华中师大外事处工作（1987 年秋）

在密西西比河畔（1996 年 12 月）

孟菲斯的邻居（1997 年夏）

在肯尼索州立大学接受奖牌 （2002 年 10 月）

郑滨耀　著

参加亚特兰大公益文艺演出 （2008 年春）

在华中师大教育学院讲学（2008 年夏）

湖南亲人聚会 （2011 年夏）

在高考庆典上（2011 年夏）

郑滨耀　著

同学武汉聚会（2011 年夏）

同学深圳聚会（2011 年夏）

在武汉联合筹办国际教育会议（2012 年夏）

在湖北第二师范学院讲学（2012 年夏）

在浙江农林大学讲学（2013 年夏）

参加湖北省师范教育会议（2014 年冬）

在北京大学演讲 （2015 年 5 月）

同学相聚桂子山 （2017 年冬）

参加博士生凯思琳的毕业典礼（2021 年 5 月）

亚城七七级小乐队排练场一角　（2021 年 5 月）

尼日利亚国家技术大学国际会议主讲人（2021 年 10 月）